똑똑!
정치 클래스

똑똑!
정치 클래스

"정치가 내 미래를 결정한다고?"

이향석 지음

북드림가

공부는 왜 정치적인가

"아빠는 정치부 기자잖아.

정치에 대해 늘 보고, 듣고, 생각하니까

그걸로 써 봐."

《중학독서평설》에서 원고 연재를 청탁받아 주제를 한참 고민하던 무렵, 중학생 아들이 문득 던진 한마디가 씨앗이 되어 이렇게 한 권의 책으로 결실을 거둘 수 있었습니다. 직접 키보드를 두드려 쓴 건 저이지만 사실 많은 내용이 저와 아내, 그리고 아들이 식탁에서 자주 묻고 답하며 나누던 얘기죠. 세상 평범한 아빠와 엄마, 아들딸들의 목소리가 글에서 잘 느껴진다면 좋겠네요. 이 책은 부모와 자녀가 함께 나눴으면 하는 대화를 위해 썼기 때문입니다.

"근데 아빠, 있잖아. 공부를 왜 할까?"

저희 부부와 아들도 여느 부모 자식 사이와 다르지 않아서 공부를 하느니 마느니 하며 실랑이하기 일쑤예요. 그런 옥신각신 가운데 아들에게 공부하는 이유에 대해 납득할 만한 얘기를 들려주고픈 마음이 생겼습니다. 오늘 하루 식탁에 올라온 밥과 반찬이, 눈만 뗐다 하면 어느새 아들 손에 가 있는 스마트폰이 어떻게 만들어져 여기까지 왔는지를 얘기하면서 '경제란 책 속에 있는 무엇이 아닌, 우리 생활 그 자체'라는 사실을 일러 주듯 말이죠.

"아빠, 쫌!
결국 또 공부하란 얘기 아냐?"

벌써 아들의 볼멘소리가 들려오는 듯하네요. 하지만 그런 이야기만은 아닙니다. '공부 좀 하면 좋겠다'는 말이 아니라 '공부한다는 것의 의미를 이해하면 좋겠다'는 얘길 하고 싶었거든요.

공부의 의미를 곱씹다 보면, 세상에서 우리 각자가 선 곳의 좌표를 읽을 수 있습니다. 삶의 행위를 결정할 수많은 계기를 상상하고 이해할 수도 있죠. 우리가 직접 보진 않았지만 곡식, 고기, 채소가 식탁 위 밥과 반찬이 되며 갖가지 광물자원이 스마트폰으로 만들어져 우리에게 닿기까지의 모든 과정을 머릿속으로 그릴 수 있을 때 비로소 경제를 이해하는 것처럼 말이에요.

저는 공부의 가장 중요한 목표는 직업에 있다고 생각해요. 직업은 개인에게는 자아실현 수단이죠. 한 사람이 하고 싶은 일, 잘하는 일을 성취하는 길이에요. 또한 직업은 사회를 유지하는 데 필수적인 수단입니다. 사회가 유지되려면 생산·분배·소비 같은 경제활동을 비롯해 수많은 일의 분업이 이뤄져야 하고, 이를 구성원 각자가 나눠 맡아야 하기 때문이죠.

한 개인으로서 직업적 자아실현으로 얻는 대가는 보람과 성취감이에요. 하지만 사람은 감정만으로 살아갈 수 없어요. 그래서 내가 하는 일이 많은 사람에게 도움이 될 때, 사회는 보상을 주죠. 여기서 핵심을 이루는 대가는 바로 경제적 보상, 소득입니다. 그로써 직업은 개인이 사회 구성원으로서 살아갈 생계유지 수단이 돼요. 한편 명예와 지위 같은 무형의 보상도 있습니다. 이렇듯 직업은 개인이 얻는 권력과 명예, 부(富)의 원천입니다.

권력과 명예, 부는 누구나 원하지만 모두 다 가질 순 없습니다. 그래서 권력이나 명예, 부가 따르는 직업일수록 경쟁이 더 치열하답니다. 희소한 자원을 두고서 많은 이가 경쟁할 때 드디어 '정치'가 필요해집니다. 정치는 법으로 경쟁의 규칙을 정하고(입법), 그것을 실행하면서(행정·사법) 갈등을 조정·해결하기 때문이죠. 자아실현과 사회적 기여를 조화롭게 추구할 최선의 직업을 선택하는 것이 개개인의 몫이라면, 사회를 위해 일하는 모든 이가 각자의 기여에 따라 합리적인 보상을 받도록 이끄는 건 정치의 역할입니다.

💬

한편 국가와 사회 차원에서 개인의 공부란 곧 '교육'이라는 제도를 의미해요. 공부나 교육이 구성원 각자가 최선의 직업을 갖도록 하는 과정이라고 해서 꼭 '기술 훈련'만을 뜻하진 않습니다. '기술인으로서의 직업인'보다 더욱 중요하고 근본적인 건 '시민으로서의 직업인'입니다. 여기서 '시민'이란 서울 시민이나 부산 시민이라고 할 때의 의미가 아니라, 민주주의국가에서 헌법적인 권리와 의무를 지니는 주체를 가리키죠. 사회의 가치와 규범을 지키면서 개인의 자유와 권리를 누리고, 공동체의 발전을 도모하는 국민 개개인을 이르는 말이에요.

정치는 교육제도를 통해 시민이 갖춰야 할 기술과 정보, 가치관, 지식이 무엇인지 밝히고 또 어떻게 그것들을 가르쳐야 하는지 정합니다. 나라가 무슨 철학을 지니고 어떤 시민을 양성할 것인지에 따라 우리가 경험하는 교과의 내용 및 종류부터 시험의 난도, 입시 제도까지 달라져요.

"공부를 왜 할까?"

물론 이 질문에 정답은 없습니다. 다만 이 책에선 정치가 어떻게, 또 얼마나 우리 삶의 모든 순간, 모든 공간에 영향을 미치는지를 보여 주려고 해요. 개개인에겐 공부이지만 사회적·국가적 차원에선 교육제도인 것처럼, 한 가지 현상을 다양한 각도와 관점으로 헤아려 보는 방법을 다채로운 사례로 제시하고자 합니다.

무엇보다 한 사람, 한 사람의 개별적 삶 이면에 자리한 '사회적 과정'에 관해 얘기하고 싶어요. 사과가 떨어지는 아주 단순한 현상의 배후에 만유인력의 법칙이 있는 것처럼 말이죠. 개별적 현상에 숨은 어떤 힘이나 일반적인 법칙을 발견하려고 탐구하는 게 바로 합리적 사고의 첫 출발이니까요.

총 5장으로 구성된 이 책은 최근 우리가 보고 겪은 국내외 다양한 사건과 현상을 통해 정치가 삶에 얼마나, 어떻게 중요한 작용을 하는지를 전합니다. 사건과 현상의 이면에서 작동하는 정치의 힘과 원리를 파악하는, 사고 훈련의 한 방식을 제시하죠.

간단히 내용을 소개하자면 이렇습니다. 1장 「한 표가 정치를 바꾼다」에서는 선거와 선거운동, 정치 지도자의 리더십을 다뤘어요. 우리 사회에서 요즘 들어 심각해진 '편 가르기 정치'의 폐해를 짚어 보는 글도 실었죠. 2장 「우리는 모두 정치의 주인」에는 한글 창제에 숨은 민주주의의 원리, 사상과 표현의 자유로서의 예술, 양성 갈등 현상과 원인, 청년 정치의 중요성을 담았습니다. 3장 「정치로 결정되는 살림살이」에선 경제와 정치의 관계를 주로 풀어 봤어요. 나라 살림(재정) 운영, 경제 위기 대처, 부동산 정책을 둘러싼 갈등, 경제 양극화와 불평등이 주요 소재입니다.

4장 「세상만사에 숨은 정치를 찾아라」엔 정치적 관점에서 바라본 역사관 논란, 차별·혐오 현상, 남북 관계의 변화, 우주개발 경쟁을 담았습니다. 5장 「정치로 움직이는 지구」에선 국가 간 전쟁, 미국과 중국의 경쟁, 스포츠의 세계적 인기, 기후 위기 등 주로 국제적인 차원의 현상을 정치로 풀었죠. 각 장 끝엔 본문을 이해하는 데 도움이 되는 영화를 한 편씩 골라 짧은 평도 곁들였고요.

그동안 청소년을 위한 시사 교양서는 적잖이 나왔지만, 이 책처럼 가장 최근의 국내외 사건과 현상을 통해 정치의 원리를 설명한 '정치 교양서'는 찾아보기 어려운 듯합니다. 중고등학생 청소년을 독자로 염두에 두고 썼지만, 부모님이 함께 읽고 이야기한다면 제일 좋겠다고 생각해요. 삶에서 중요한 '직업 선택'과 유권자로서 '정치적 선택'을 앞둔 자녀와 '정치적 대화'를 나누기 위해서 말입니다.

2023년 봄,
이형석

차례

한 표가
정치를 바꾼다

선거 말고
제비뽑기하면 안 돼?

"제가 우리 반의 학급 회장이 된다면…."

"제가 전교 학생회장이 된다면…."

해마다 학기가 시작할 무렵이면 학교에도 '선거의 계절'이 찾아옵니다. 학급 회장이나 전교 학생회장 등 학생 대표를 뽑는 선거가 치러지니까요. 여러분 중에도 후보로 출마해 봤거나 앞으로 도전할 사람이 있겠죠?

학교에서만큼은 모든 학생이 각자 한 표씩 선거권을 갖는 유권자예요. 후보는 연설과 유세 등의 선거운동을 펼치고 유권자는 그런 모습을 지켜보며 자신들을 대표할 가장 적합한 이를 선택해 투표합니다. 최근엔 코로나19(COVID-19)가 유행하면서 비대면 방식의 선거운동이 늘었고 온라인 투표가 도입되는 등 선거의 풍경도 다채로워졌죠.

하지만 후보들이 많은 학생이 좋아할 만한 공약과 학교 발전을 위한 정책을 내놓고, 지지를 얻으려 노력하는 모습은 예나 지금이나 한결같아요. 각 후보는 학생들의 요구를 학교 측에 더 잘 전달하겠다든지, 학생 자치를 실현하는 제도나 행사를 마련하겠다든지 하는 주장을 펼칩니다. 혹시 "학급 회장이 되면 수업 시간을 반으로 줄이겠습니다!"라거나 "전교 학생회장이 되면 시험을 아예 없애 버리겠습니다!" 같은 '황당한' 공약을 내거는 후보는 없겠죠? 어떤 선거에서든 실현 가능한 공약을 내놓고 공동체를 더 좋은 방향으로 이끄는 후보가 유권자의 선택을 받아야 할 거예요.

학교뿐만 아니라 우리나라에서도 아주 중요한 선거들이 몇 년째 계속 이어지고 있습니다. 2020년 4월 15일에는 제21대 국회의원 총선거(총선)가 있었죠. 이듬해인 2021년 4월 7일엔 서울·부산시장 등 자리가 한때 비어 있던 지방자치단체장과 지방의회 의원을 새로 뽑는 재보궐선거가 실시됐고요. 2022년에는 두 차례나 큰 선거가 있었습니다. 3월 9일에는 제20대 대통령 선거(대선)를 통해 우리나라 새 대통령을 뽑았고, 6월 1일엔 전국의 모든 지방자치단체장과 지방의회 의원, 교육감을 선출하는 제8회 전국 동시 지방선거가 치러졌어요. 2024년 4월 10일에는 총선이 예정돼 있고요.

선거가 참 많죠? 2023년 한 해만 거르고 최근에는 매년 전국적인 선거를 치르다시피 하네요. 대통령, 국회의원, 시장과 도지사 등 국민의 대표를 뽑는 일이 몰려 있는 만큼 바로 지금이 국가의 운명을 결정짓는 아주 중요한 시기일 겁니다.

현대 민주주의국가들은 선거를 통해 뽑힌 대표자에게 정치를 맡기는 '간접민주정치' 또는 '대의민주제'를 택하고 있어요. 이 때문에 국민의 대표자를 선출하는 선거를 흔히 '현대 민주주의의 꽃'이라고 부르죠. 그래서 여러분에게 들려드릴 정치 이야기를 선거에서부터 시작할까 합니다.

내가 대통령이 '된다면'

학급 회장이나 전교 학생회장이 된다면 여러분은 무슨 일을 하고 싶나요? 나아가 시장이나 도지사, 국회의원, 대통령이 되면 어떤 일부터 하고 싶은가요?

만일 학교 일이라면 늘 학생·학부모·교사가 모두 참여해 정하면 좋겠지만 매번 전 구성원이 모여서 의사 결정을 할 수 없을뿐더러,

한다 해도 매우 번거롭고 비효율적일 겁니다. 규모가 더 큰 지역이나 나라의 일은 두말할 필요도 없겠죠. 중요한 사안이 생길 때마다 수십만, 수백만, 수천만 명이 모여 회의하고 뜻을 모으기란 현실적으로 불가능할 테니까요.

그래서 민주주의 사회에선 대표자를 뽑아 국민 대신 의사를 결정하고 정책을 집행하게 합니다. 선거는 이처럼 대의민주제에서 국민을 대신할 대표를 뽑는 절차예요. 국민은 '내가 대통령이 된다면, 시장이나 도지사가 된다면' 무엇을 할지 생각하고, 선거에서 자기 뜻에 가장 맞는 대표자를 선택해 그 일을 실현해요.

현대 민주국가에서 선거는 대개 네 가지 원칙에 따라 실시돼요. 바로 우리나라 헌법에도 명시돼 있는 보통·평등·직접·비밀선거의 원칙이죠.

보통선거란 일정한 나이에 이른 국민이라면 '누구든지' 선거권을 지닌다는 원칙이에요. 2020년 1월 14일 공직 선거법이 개정되면서 선거권을 갖는 나이가 종전 19세에서 '18세'로 낮아져, 2020년 4월 15일 치러진 제21대 총선부터 적용됐습니다. 선거 연령은 대한민국 정부 수립 이후 21세 → 20세 → 19세 → 18세로 점차 낮아졌어요.

평등선거란 성별, 재산, 종교, 학력 등에 따라 차등을 두지 않고 모든 유권자에게 '똑같은' 가치의 투표권을 부여한다는 원칙입니다. 선거에 참여한 모든 사람의 표는 각자 한 표로 평등해요.

직접선거란 유권자가 '직접' 투표해야 한다는 원칙이에요. 누구도 다른 사람 대신 투표할 수 없죠. 선거 때만 되면 거동이 불편한 어르신들도 한 표의 권리를 행사하기 위해 가족의 부축을 받으며 투표소를 찾아와서 직접 기표합니다.

비밀선거란 말뜻 그대로 유권자가 어떤 후보에게 투표했는지를 다른 사람이 '알지 못하게' 해야 한다는 원칙입니다. 유권자가 외부의 압력을 받지 않고 자기 양심에 따라 후보를 자유로이 선택할 수 있도록 보장하려는 것이죠. 전체 국민이 참여하는 선거에선 누가 누구를 뽑았는지 아무도 알 수 없도록, 칸막이를 두른 기표소에 들어가 투표를 진행해요.

좀 더 알기 쉽도록, 여러분에게 가까운 예를 들어 설명해 볼게요. 똑똑중학교 2학년 1반 학생 30명의 대표인 학급 회장을 뽑는 선거를 치른다고 가정해 봅시다. 그 과정에서 선거의 네 가지 원칙은 어떤 모습으로 나타날까요?

앞서 봤듯 보통선거는 어떤 공동체의 구성원 자격만 있으면 누구든지 선거권을 지닌다는 의미예요. 똑똑중학교 2학년 1반 학생이라면 누구나 투표할 수 있다는 뜻이죠. 이때 성별이 무엇이든, 공부를 못하든 잘하든, 키가 작든 크든 30명의 학생이 각자 똑같이 한 표씩만 행사할 수 있게 정해 둔 건 평등선거의 원칙 때문입니다. 또한 각자 투표지에 원하는 후보 이름이나 기호를 자기 손으로 써서 내는 일은 직접선거예요. 후보 이름이나 기호를 적을 때 자신만 볼 수 있도록 가리는 건 비밀투표고요. 즉 보통선거는 '누구나', 평등선거는 '똑같이 한 표씩', 직접선거는 '자기 손으로', 비밀선거는 '가리고'로 기억하면 되죠.

'선발 시험'이나 '추첨'이라면

그런데 왜 선거를 통해 대표자를 뽑는 걸까요? 구성원이 많지 않다면 일정 기간 번갈아 가며 너 한 번, 나 한 번 대표를 맡을 수도 있지 않을까요? 정부나 국회, 지방정부에서 일할 대표자를 국민과 지역 주민 가운데 추첨으로 뽑는 방법도 시도할 수 있겠고요. 아니면 '대통령 선발 시험'이나 '국회의원 자격시험' 등을 치러서 가장 좋은 성적을 거둔 사람들로 대표자를 정하면 나랏일이 지금보다 훨씬 잘되지 않을까요?

물론 이렇게 해 볼 수 있을 겁니다. 실제로 규모가 아주 작은 모임이나 친목을 위한 단체·조직 같은 특수한 경우엔 구성원끼리 돌아가며 대표를 맡는 교대·순번제, 제비뽑기처럼 무작위로 대표를 선발하는 추첨제 등을 할 때도 있죠. 그러나 현대 민주주의국가에서 특히 입법부와 행정부의 국민 대표는 반드시 선거를 통해 뽑습니다.

이뿐만 아니라 공식적인 모임이나 단체·조직에서는 대부분 선거로 대표자를 뽑아요. 왜냐고요? 선거엔 추첨이나 선발 시험이 가질 수 없는 매우 중요한 기능이 있거든요.

먼저 선거는 정치권력(정권)에 정통성을 부여합니다. 추첨을 통해 요행으로 당선되거나 시험 성적을 잘 받아서 대표가 된 게 아니라 다수 국민의 지지를 얻었기 때문에, 선거로 선출된 사람은 그 누구에게서 침해당하지 않을 정당성과 대표성을 인정받는다는 뜻이에요. 따라서 선거로 뽑힌 대표는 일정한 권한과 의무를 지니고 큰 문제가 없는 한 임기가 보장되죠.

또 선거는 국민이 권력을 통제하는 강력한 수단이 돼요. 대통령, 국회의원, 시장과 도지사 등 선출직 공무원은 반드시 임기가 정해져 있고 이들을 뽑는 선거는 정기적으로 실시됩니다. 만약 국민 뜻을 거스른 정치 세력이나 정치인이 있다면 선거에서 당선될 수 없겠죠. 선거를 통해 국민은 '정권 획득'을 목표로 하는 개인이나 정당을 심판하고 견제합니다.

마지막으로 선거는 다양한 국민의 이익을 표출하고 집약하는 수단이자 장(場)입니다. 선거에 참여하는 각 정당과 후보는 서로 다른 공약과 주장을 통해 국민의 여러 이해(利害)를 대변해요. 그중에서도 선거 결과 가장 다수의 지지를 얻는 주장이 나라 정책에 중요하게 반영되고요.

선거와 정당의 관계

앞서 선거를 '현대 민주주의의 꽃'이라 부른다고 했죠? 이 말은 즉 선거에 현대 민주정치의 핵심적 원리와 이념이 집약돼 있다는 뜻입니다.

민주주의의 이념은 자유와 평등을 통해 인간 존엄성을 실현하는 것이에요. 국민은 나이 조건을 제외하곤 평등하게 주어지는 선거권(대표자를 뽑을 권리)과 피선거권(대표자로 선출될 권리)으로 법 앞에서 차별받지 않고, 다른 사람의 강제나 훼방 없이 자유롭게 자기 의사를 적극적으로 표시할 수 있습니다. 국민주권과 입헌주의, 국민자치와 권력분립 등 민주주의의 기본 원리를 실현하는 가장 기본적인 수단도 바로 선거예요.

이처럼 국민은 선거를 통해 비로소 정치에 참여합니다. 그렇다면 '정치'란 과연 무엇일까요?

우선 넓은 의미의 정치를 생각해 봅시다. 사회는 여러 사람이 모여서 이뤄지는 것이죠? 다양한 사람이 한데 모여 살면 갈등이 생겨나게 마련이에요. 왜냐하면 '한정된 자원'을 구성원이 나눠 가져야 하는 문제가 생기니까요. 여기서 자원이란 단순히 광물을 가리키는 게 아니라 그보다 훨씬 넓은 의미입니다. 유형이든 무형이든 인간이 살아가는 데 필요하며, 그래서 가치를 지니는 모든 것을 가리키죠.

땅과 자연환경, 생산물 등 눈에 보이는 것뿐 아니라 권력이나 명예, 지위 같은 무형의 가치도 포함돼요.

정치란 한정된 자원을 사회 각 부문과 구성원에게 나름의 기준을 정해 나눠 주는 일인 동시에, 이 과정에서 발생하는 갈등을 해결하는 일입니다. 따라서 넓은 의미의 정치는 가족이나 학교, 마을에서도 이뤄지며 국가와 공공 기관뿐만 아니라 개인적인 모든 집단과 조직에서도 행해져요. 즉 사람이 모여 사는 곳이라면 어디든 정치가 있다고 할 수 있죠.

그 가운데서도 역시 가장 중요한 건 국가 차원에서 이뤄지는 정치일 거예요. 이를 좁은 의미의 정치라 부르는데, 정치권력을 획득하고 행사하는 활동으로 국가와 관련된 일을 하는 것을 가리켜요. 거기서 정치를 하는 주체, 곧 '정치 주체'로는 입법부·사법부·행정부 같은 국가기관과 정당, 이익집단, 시민 단체, 언론 등을 꼽을 수 있습니다.

다양한 정치 주체 가운데 선거에서 가장 중요한 주체는 아무래도 정당이겠죠? 정당이란 '정치권력 획득'을 목적으로 정치적 견해가 같은 사람들이 모인 집단입니다. 대통령제에서 정권 획득이란 기본적으로 대통령을 배출해 행정 권력을 장악하는 것을 의미해요. 또 국회에서 다수 의석을 차지해 입법의 가장 큰 권한을 얻는 것이기도 하고요.

대선과 총선, 지방선거

물론 우리나라의 각 선거에 정당 소속 후보만 출마할 수 있는 건 아닙니다. 정당에 소속되지 않은 개인도 얼마든지 무소속 후보로 나설 수 있죠. 선거에 입후보해서 당선인이 될 수 있는 권리를 '피선거권'이라 불러요. 현재 대한민국에서 선거에 출마할 수 있는 나이는 대통령은 40세 이상, 국회의원과 시장·도지사 등은 18세 이상입니다(선거일 기준). 국회의원 등은 원래 출마 제한 나이가 25세 이상으로 규정돼 있었는데, 2022년 1월 18일 공직 선거법이 개정되면서 18세부터 출마할 수 있도록 바뀌었죠. 머지않아 '고3 국회의원'을 볼 수 있을지도 몰라요.

1. 한 표가 정치를 바꾼다

2022년 3월 9일에 치러진 대선은 우리나라 헌정사상 스무 번째 대통령을 뽑는 선거였습니다. 제21대 대선은 특별한 사건이 발생하지 않는 한 2027년 3월 3일에 실시될 예정이죠. 지역 주민 손으로 직접 시장과 도지사 등을 뽑는 오늘날의 지방자치제는 1995년에 도입됐는데 2022년 6월 치러진 전국 동시 지방선거는 역대 여덟 번째였어요. 1995년 이전에는 1960년 단 한 차례를 제외하곤 시장도 도지사도 주민이 뽑지 않고 모두 임명됐답니다.

한편 국회의원을 선출하는 총선은 4년마다 치러지는데, 여러분도 잘 알다시피 선거 1~2년 전부터 정당은 선거 채비에 나섭니다. 동네를 걷다가 국회의원과 정치인들의 현수막이 부쩍 많이 보이면 '아, 선거철이 다가오는구나.' 하고 알 수 있죠.

정기적인 선거 말고 재보궐선거라는 것도 있어요. 재선거와 보궐선거를 합쳐서 재보궐선거라고 부릅니다. 당선자가 없거나, 부정선거가 발각돼 선거 자체가 무효화되거나, 임기 개시 전에 당선자가 사퇴·사망한 경우 재선거를 치러요. 선거도 당선도 정당했지만 선출된 공직자가 임기 중 사퇴·사망하거나, 부정·불법행위를 저질러 일정 기준 이상의 실형을 선고받아 더는 직무를 수행할 수 없게 됐을 때 실시하는 건 보궐선거입니다.

2023년 현재 우리나라는 행정부 수반인 대통령의 소속 정당과 입법부인 국회의 다수당이 서로 달라요. 윤석열 대통령은 국민의힘

소속인데, 국회에서 가장 많은 의석수를 차지한 정당은 더불어민주당이니까요. 대통령을 배출해 행정 권력을 장악한 당을 '여당'(與黨), 그렇지 못한 당을 '야당'(野黨)이라 부르는데 현시점에서 여당은 국민의힘이고 제1야당은 더불어민주당이죠. 한국 정치사에서 국민의힘과 더불어민주당은 여러 차례 이름이 바뀌었지만, 큰 틀은 유지한 채 서로 번갈아 집권하며 양당제에 가까운 전통을 이어 왔습니다.

현재(2023년 5월 14일 기준) 국회엔 두 당 말고도 의석수가 한 자릿수인 정의당(6석), 기본소득당(1석), 시대전환(1석), 진보당(1석) 등의 정당과 아무 정당에 소속되지 않은 무소속 의원(9석)도 있답니다. 많은 국회의원이 소속돼 있어 국회 운영과 국고 보조금 지급 등에서 더 유리한 더불어민주당(167석)이나 국민의힘(115석) 같은 당을 '거대 정당'(교섭단체)이라 부르고, 소속 의원 수가 적어 다른 당과 연합하지 않으면 독자적으로 협상권을 갖기 어려운 당을 가리켜 '군소 정당'(비교섭단체)이라 하죠.

우리나라 국회 의석수는 총 300석. 지금 국회에 자리를 둔 6개 원내 정당은 물론이고, 국회에 입성하지 못한 수많은 원외 정당은 단 하나의 의석이라도 더 차지하기 위해 2024년 총선에서도 여러 후보와 공약을 내며 필사의 경쟁을 벌일 겁니다. 여러분도 각자 관심사에 따라 학생 인권이나 교육·입시 제도 등 자신의 생활과 진로에 밀접한 공약을 잘 살펴보면 어떨까요?

유권자의
마음을 훔쳐라!

　흔히 선거를 민주주의의 꽃이라고 합니다. 민주주의의 축제라고도 부르죠. 국민이 나라의 주인임을 실감할 수 있는 계기가 되기 때문이에요. 선거철이 다가오면 각 정당과 후보는 국민의 마음을 얻기 위해 갖은 노력을 쏟아붓습니다. 어느 때보다 더 적극적으로 국민의 고통과 어려움에 귀 기울이며, 개개인과 집단에 따라 다른 요구와 이해를 저마다 정책에 반영하겠다고 다짐하죠. 이때만큼은 유권자인 국민도 자신이 나라에 무엇을 원하는지를 다양한 수단으로 표현해요. 각자가 던지는 한 표야말로 민주주의에서 가장 압축된 정치적 의사 표현이라고 할 수 있습니다.

선거의 중심에는 선거운동이 자리합니다. '선거운동'이란 후보자 본인을 포함해 정당이나 정치단체, 정치인 등이 선거에서 승리하고자 펼치는 모든 활동을 가리키죠. 합법적인 수단과 방법을 모두 동원해 국민 의견을 경청하고, 자신이 국민을 대표할 수 있는 적임자임을 설득하는 과정이 바로 선거운동이에요. 그러니 정치인들에게 선거운동은 선거의 거의 전부라고 할 수 있답니다.

전국이 선거철만 되면 들썩입니다. 거리 여기저기엔 각 후보를 대표하거나 지지하는 현수막이 내걸리고, 유세 차량들은 스피커로 공약과 정책을 알리는 데 분주하죠. 온라인상에는 정당과 후보들의 광고가 쉴 새 없이 뜨고요. 후보들의 경쟁을 보도하는 기사도 넘쳐납니다. 각 후보와 정당은 하루에도 몇 번씩 성명과 공식 입장을 내며 자신들의 정책을 홍보하고 경쟁자를 비판하죠. 후보들의 방송 연설과 TV 토론도 전 국민적인 관심사가 됩니다.

온라인이든 오프라인이든 사람들이 모이는 곳이라면 어디든 후보들이 찾아갑니다. 전국 방방곡곡, 지역 구석구석을 돌아다니며 유권자를 만나고 각종 미디어를 통해 연설과 인터뷰, 토론, 홍보를 이어 가죠.

많은 국민도 이때만큼은 마음 놓고 목소리를 높여요. 다양한 세대와 종교, 지역, 직업의 사람들이 자기가 속한 단체를 통해 후보들을 만나 요구 사항을 전달해요. 선거가 민주주의 축제의 장이라는 말이 실감 나는 대목이죠. 국민이 나라의 주인이고, 정치인은 국민이 고용해 나랏일을 대신 시키는 존재라는 사실도 피부에 와닿는 때예요.

그렇다면 선거운동은 어떻게 하는 걸까요? 좋은 정책을 알리는 일이라면 무엇이든지 가능할까요? 어떻게 후보자들은 선거운동을 통해 국민의 마음을 얻을 수 있을까요?

토론도 현수막도 모두 법대로

만일 누군가가 선거에 나가기로 했거나 정당에서 출마자가 정해졌다면, 선거운동을 펼치기 위해 가장 필요한 건 무엇일까요? 먼저 물리적인 수단이 필요할 겁니다. 후보자의 말을 실어 나르고 행동을 보여 줄 수 있는 돈(선거비용)과 사람(선거운동원), 미디어(홍보 매체)가 있어야겠죠. 또 언제, 어디서, 어떻게, 무슨 내용으로 선거운동을 할지에 대한 계획과 전략도 필요하겠고요.

그런데 이 모든 사항은 법률로 엄격히 정해져 있습니다. 우리나라 헌법 제116조 제1항은 "선거운동은 각급 선거관리위원회의 관리하에 법률이 정하는 범위 안에서 하되, 균등한 기회가 보장되어야 한다."라고 명시하죠.

균등하고 공정한 선거를 펼치기 위한 제도로는 크게 세 가지가 마련돼 있는데 선거구 법정주의와 선거공영제, 선거관리위원회를 들 수 있어요. 선거구 법정주의란 선거구를 특정한 정당이나 후보에게 유리하도록 마음대로 못 바꾸게 반드시 법률로 규정한다는 원칙입니다. 또한 선거공영제란 선거운동 과정에 들어가는 비용 일부를 국가나 지방자치단체가 부담하고, 정부가 선거를 관리하는 제도죠. 이때 선거를 관리하는 독립적인 기관이 선거관리위원회예요.

그 가운데 선거운동과 가장 크게 관련된 제도는 선거공영제와 선거관리위원회입니다. 앞서 선거운동을 할 때 돈과 사람, 미디어 등 물적 자원이 필요하다고 했죠? 만약 이 모든 것을 개인이나 정당이 전부 부담해야 한다면 선거가 불공정하게 치러질 수 있어요. 예를 들어 부자인 후보나 정당은 정책을 홍보하는 선전물과 책자, 방송 광고를 많이 내고 선거운동원을 대거 모집해 유권자에게 깊이 다가갈 수 있습니다. 하지만 가난한 후보나 정당은 그렇게 할 수 없겠죠.

따라서 선거에 드는 기본적인 비용은 국가(대선·총선)나 지방자치단체(지방선거)가 지원하는 게 원칙이에요. 물론 선거비용 전부는 아닙니다. 또 모든 후보에게 지원하는 것도 아니죠. 대표성 없는 후보들이 너도나도 나서서 유권자의 현명한 선택을 방해할 수 있기 때문이에요. 일정 기준 이상의 득표율을 기록하거나, 국회에 일정 규모 이상의 의석을 가진 정당 후보에게 더 많은 지원이 이뤄져요.

후보 등록과 선거운동의 기간·방식 역시 법으로 세세히 정해져 있으며, 선거관리위원회가 이를 관리하고 감시합니다. 선거비용 규모나 선거사무소의 이용, 현수막 설치 등은 물론이고 거리 연설 시 마이크의 사용 가능 여부, 방송 광고의 횟수, 연설이나 토론의 횟수까지 모두 법률로써 규제되죠. 모든 후보와 정당, 정치단체가 균등하고 공정한 기회를 얻게 하기 위해서예요.

네거티브냐, 포지티브냐?

선거운동의 핵심 전략을 한 문장으로 말한다면 '내가 경쟁자보다 훌륭하다고 널리 알려라!'라고 할 수 있습니다. 더 많은 사람이 자신을 지지하도록 하려면, 나의 장점과 경쟁자의 단점을 부각해 홍보에 나서야 하죠. 바로 그때 나의 장점을 알리는 데 주력하면 '포지티브(positive) 선거전', 남의 단점을 비판하는 활동을 중심으로 펼친다면 '네거티브(negative) 선거전'이 돼요.

포지티브 선거전은 후보의 장점과 정책의 우수함을 홍보해 승리하려는 선거운동 방식입니다. 예를 들어 "우리 후보는 도덕적으로 깨끗하고 추진력이 강합니다", "우리 당이 집권하면 경제성장을 이끌어 국민소득을 높이겠습니다", "다음 정부는 불평등을 극복하고

공정하며 정의로운 사회를 만들겠습니다"와 같은 주장을 전달하는 것이죠.

한편 경쟁자의 흠과 부족함을 비난하고 공격함으로써 유권자의 표를 얻으려는 전략은 네거티브 방식이에요. "○○당 후보는 과거에 큰 잘못을 저질렀습니다", "××당 후보가 주장하는 정책은 혈세를 낭비하고 서민의 삶을 어렵게 만들 것입니다"와 같이 상대의 단점을 부각해 자신을 돋보이게 하려는 선거운동 전략입니다.

물론 어느 한 가지 방식의 선거운동만을 펼치는 후보는 없어요. 어느 선거에서나 두 가지 방식의 선거운동이 모두 나타나죠. 자신의

업적과 사회 공헌, 국가 발전의 비전을 과장 없이 알리며 상대의 부족하고 잘못된 점을 비판하는 건 필요한 일이기도 합니다.

하지만 네거티브가 과도하게 펼쳐져서 선거운동의 중심이 되어 버리면 부작용이 발생해요. 후보의 자질과 정책을 정당하게 비판하는 수준을 넘어, 근거 없이 상대방을 깎아내리거나 확인되지 않은 소문을 퍼뜨릴 때는 유권자의 올바른 선택을 막는 폐해가 생기죠. 자칫 '어느 후보가 더 나쁜가?'를 놓고 경쟁하는 꼴이 되기 십상이니까요. 이렇게 되면 유권자들에게 '누가 당선되든 달라질 게 없다'거나 '어느 편이든 정치는 부패한 것'이라는 정치 무관심과 혐오를 조장할 수 있습니다. 선거관리위원회의 감시가 필요한 이유죠.

그렇다고 해서 '포지티브'만 있는 선거 또한 좋다고 할 순 없어요. 각자 번지르르한 말만 늘어놓으면 실현 불가능하고 허황한 공약과 정책만으로 경쟁하는 꼴이니까요. 후보들의 자질과 정책에 대한 교차 검증과 비판이 있어야 유권자도 현명하게 선택할 수 있답니다.

선거운동은 '과학'이다

현대사회에선 대중의 심리를 잘 파악하는 일이 갈수록 중요해지고 있습니다. 바로 그 일이 부와 권력의 원천이 되기 때문이에요.

경제활동이 이뤄지는 시장에선 대중의 취향이나 심리를 정확히 파악해 상품화하는 능력이 기업의 매출과 이윤을 좌우합니다. 구글(Google)이나 애플(Apple), 네이버(Naver), 카카오(Kakao)처럼 많은 이용자의 정보를 보유한 '플랫폼 기업'이 빠르게 성장한 건 이런 능력 덕분이죠. 더 많은 정보를 일사천리로 분석해서 일정한 경향성이나 추세를 예측할 수 있는 빅데이터와 인공지능 기술이 주목받는 까닭도 그렇고요.

기업이 더 많은 상품을 팔기 위해 소비자를 분석하고 그에 맞춰 기획·홍보·판매 전략을 세우는 게 '마케팅'이라면, 정당이나 정치인이 더 많은 표를 얻고자 유권자의 심리와 요구를 파악해 이에 맞는 선거 전략을 펼치는 건 '선거운동'이라 할 수 있습니다. 선거운동이나 마케팅이나 목적은 '사람(소비자·유권자)의 마음을 얻는 것'으로 똑같죠. 기업이나 정치인이 내놓은 상품과 공약이 과연 이들의 주장처럼 '좋은 것'인지, 아니면 과장 또는 거짓으로 마음을 현혹하는 '나쁜 것'인지 매의 눈으로 살피는 건 소비자와 유권자의 당연한 의무예요.

마케팅 전략처럼 선거운동도 점점 과학화·첨단화하고 있답니다. 가장 많이 활용되는 건 여론조사죠. 선거 때만 되면 각 후보의 지지율을 다룬 보도가 큰 관심을 끌게 마련인데, 여론조사는 단순히 누가 이기고 있는지를 알기 위해서만 실시되는 게 아닙니다.

여론조사를 통해 각 후보와 정당은 어느 유권자층에 집중해서 선거운동을 펼쳐야 할지에 관한 전략을 세웁니다. 조사 결과를 보면 성별, 세대별, 지역별, 직업별로 어떤 유권자가 어느 후보와 정당을 지지하는지가 두드러지게 나타나기 때문이죠. 각 후보와 정당은 자신들이 어느 성별과 세대, 지역, 직업의 유권자에게 강하고 약한지를 철저히 파악하고 분석해 새로운 정책을 개발하며 그에 맞춰서 홍보 전략을 수립합니다.

어느 나라나 주요 정당들은 전통적으로 지지세가 강한 계층이나 세대, 지역을 확보하고 있어요. 특히 우리나라나 미국은 세대와 지역별로 지지하는 정당이 잘 변하지 않는 경향을 띱니다. 하지만 유독 어떤 선거에서는 특정한 후보나 정당으로 쏠리지 않거나, 갑작스레 변화가 나타나는 유권자층이 관찰됩니다. 이런 유권자층이 선거 결과에 결정적 영향을 미치죠.

만일 여러분이 선거에 출마했는데 어떤 그룹의 사람들은 이미 누구를 찍을지가 거의 확실히 정해져 있고, 어떤 그룹의 사람들은 아직 지지하는 후보를 못 정했거나 누구를 찍을지 알 수 없는 상황이라면 어느 쪽을 대상으로 선거운동을 할 건가요? 선거운동 역시 한정된 자원으로 해야 하는 만큼, 지지하는 후보를 아직 못 정했거나 누구를 찍을지 예측 불가능한 유권자층을 위한 공약과 정책을 내세우고 설득하는 편이 가장 효율적일 겁니다.

이런 유권자들을 가리켜 '스윙 보터'(swing voter)라고 부릅니다. 또 2~3명의 후보가 주요 유권자층에서 아주 팽팽한 접전을 이루고 있을 때, 소수라도 그 지지에 따라 승부를 결정지을 수 있는 이들은 '캐스팅 보터'(casting voter)라 하죠. 원래 '캐스팅 보트'(casting vote)는 의회의 표결에서 찬반 표수가 같을 때, 마지막으로 던지는 의장의 한 표를 일컫는 말이었습니다. 즉 전세가 팽팽할 때 승부를 가리는 마지막 선택이라는 의미예요.

최근 몇 년 사이 우리나라에서는 특히 20·30대 젊은 세대의 유권자들이 '스윙 보터'이자 '캐스팅 보터'로 꼽힙니다. 그래서 후보와 정당들은 젊은 층을 대상으로 선거운동을 더 열심히 펼치고 있어요.

앞으로도 나라의 운명을 좌우할 선거가 이어질 겁니다. 지금 이 책을 읽는 여러분도 곧 선거권을 갖게 되거나, 이미 투표해 본 경험이 있겠죠. 선거에서 후보들이 어떤 방식으로 선거운동을 펼치는지, 누가 '네거티브'나 '포지티브'를 하는지, 어느 유권자층을 위한 선거운동을 더 적극적으로 하는지 등을 꼼꼼히 따지며 소중한 한 표를 행사해 봅시다.

대통령의 MBTI

몇 년 전부터 MBTI라고 불리는, 자가 진단 성격유형 검사가 유행입니다. 크게는 분석가형(xNTx), 외교관형(xNFx), 관리자형(xSxJ), 탐험가형(xSxP) 등 네 가지, 작게는 열여섯 가지(E·I/N·S/T·F/J·P)나 서른두 가지(xxxx-A/-T) 유형으로 사람 성격을 나눈다죠? 여러분도 아마 한 번쯤은 스스로 어떤 유형의 성격인지 MBTI 검사를 해 봤을 거예요. 물론 사람 성격은 몇 가지 단순한 기준으로 측정할 수 없으며, 시간과 환경에 따라 변하기에 이런 테스트는 참고삼아 재미로 해 보는 것이지만요. 그래도 자기가 어떤 사람인지 한번 생각해 보는 유용한 계기가 될 수 있을 겁니다.

일상을 살아가는 개개인의 성격이 제각각이듯, 지도자들이 조직을 이끌어 가는 스타일도 서로 달라요. 무슨 목표로 어떤 과업을 성취해야 하느냐에 따라서 조직 구성원들이 원하는 지도자상도 다를 테고요. 개중에는 명철한 분석력과 판단력이 장점인 지도자도 있고, 구성원을 포용하는 너그러운 배려가 강점인 지도자도 있을 겁니다. 과감한 추진력으로 어떤 위기라도 굳세게 헤쳐 나갈 힘을 지닌 지도자가 있는가 하면 설득과 타협, 협상에 더 능한 지도자도 있죠.

모든 자질을 갖춘 이라면 더할 나위가 없겠지만, 우리가 그렇듯 지도자들도 저마다 성격이 다르고 장단점·강약점을 동시에 지니게 마련이에요. 그래서 추구하는 목표가 같아도 어떤 지도자인지에 따라 서로 다른 수단을 선택할 수 있습니다. 갈등과 문제를 해결하는 방법 또한 다 다르겠고요.

선거는 이처럼 여러 유형의 지도자를 놓고서 구성원들이 가장 원하는 사람, 조직의 목표 달성에 최적인 사람을 골라내는 과정입니다. 일반적으로 우리 국민은 5년마다 대통령을, 4년마다 국회의원과 시장·도지사를 뽑아요. 선거 때만 되면 정치인들은 서로 자기가 적임자라 주장하며 국민을 설득하죠. 때로는 경쟁 상대에 대해 어떤 점이 부족하다, 어떤 면은 잘못됐다며 비판도 합니다.

늘 그렇듯, 선거에선 유권자의 현명한 선택이 필요해요. 우리는 과연 어떤 기준으로 후보들을 평가하고 적임자를 가려내야 할까요?

국가 지도자라면 꼭 갖춰야 할 자질과 지금 시대 우리 국민, 우리나라가 당면한 문제를 해결하기 위해 요구되는 덕목은 무엇일까요?

리더십과 권위

공동체를 이끄는 지도자의 역량을 '리더십'(leadership)이라고 부릅니다. 우리 사회에는 조직의 목표와 성격에 따라 다양한 지도자가 있죠. 종교계에서는 신부나 목사, 승려처럼 성직자가 지도자 역할을 맡아요. 기업에는 회장이나 사장처럼 경영 책임자가 있고요. 정당의 대표나 국회의원, 중앙·지방정부 조직이나 기관의 장(長) 등은 각각 입법부와 행정부에 속한 정치 지도자라고 할 수 있어요. 정치 지도자 가운데 으뜸은 역시 국가를 대표하는 대통령이죠.

어떤 분야든 지도자라면 자신이 속한 집단을 잘 유지하며 발전시키는 게 최고의 목표일 겁니다. 이때 중요한 건, 지도자 혼자서가 아니라 모든 구성원이 목표 달성 과정에 참여해야 한다는 점이에요. 구성원들의 노력 없이 지도자 한 사람이나 일부 동조자만으로는 아무것도 이룰 수 없기 때문입니다.

그래서 구성원들의 '자발성'을 끌어내는 능력이 리더십의 핵심으로 꼽혀요. 지도자가 구성원들에게 영향력을 미쳐서 이들이 스스로 활동에 참여하도록 이끄는 능력을 리더십이라 정의할 수 있죠. 리더십을 잘 실현하려면 지도자는 구성원들의 뜻과 요구를 잘 받아들여야 하고, 구성원들은 지도자의 결정을 존중하며 기꺼이 따를 수 있어야 합니다. 바로 그때 공동체의 구성원들이 인정하는 지도자의 영향력이나 결정권을 '권위'라고 해요.

독일의 사회학자 막스 베버(Max Weber)는 지도자의 권위가 무엇으로부터 나오느냐에 따라 세 가지로 구분했어요. 먼저 봉건시대의 왕처럼 관습과 전통에서 생겨나는 권위가 있습니다. 이를 '전통적 권위'라고 불러요. 예를 들어 아직도 많은 집안에서 대소사를 가장 나이가 많은 웃어른이 결정하는데, 그 또한 전통적 권위에 바탕을 둔 것이죠.

하지만 현대사회엔 관습과 전통보다는 법과 제도에 따라 운영되는 공적 조직이 더 많습니다. 조직 안에서 각자가 지닌 권한이나 역할도 명문화된 법과 제도로 정해지고요. 이렇듯 법과 제도로 부여되는 지도자의 권위를 '합법적 권위'라고 부릅니다. 정부, 공공 기관, 기업, 학교, 각종 단체 등 오늘날의 대다수 조직에서 지도자가 갖게 되는 권위예요.

마지막으로, 특정한 개인이 출중한 능력으로 대중으로부터 얻게 되는 권위도 있어요. 그것을 베버는 '카리스마적 권위'라고 칭했습니다. 옛날엔 기적이나 예언, 주술 같은 신비롭고 초인적인 능력을 가리켰는데 과학이 발달한 지금은 개인의 독특한 '매력'으로 풀이할 수 있을 거예요. 어느 하나로 콕 집어 말할 순 없어도 사람들을 매혹하는 남다른 성격이나 신비로운 분위기 등을 이르죠.

방탄소년단(BTS) 같은 대중 스타들은 전통적이거나 법적으로 주어진 지위는 없지만, 때로는 문화·예술 분야를 넘어 사회적·정치적으로도 아주 커다란 영향력을 끼칩니다. 이를 카리스마적 권위의 일종으로 볼 수도 있어요. 정치 지도자 또한 법적 지위와 정치적 견해 말고도 말솜씨, 목소리, 외모, 유머 감각 등 개인적인 매력으로 더 높은 인기나 신뢰도를 얻을 수 있죠. 현대 민주주의 사회에서 중요한 건 합법적 권위인데, 어느 지도자나 많든 적든 카리스마적 권위를 함께 지니며 때로는 그런 자질이 집단의 리더십 형성에 커다란 영향을 준답니다.

대통령의 리더십과 민주주의

앞서 말한 것처럼 현대사회의 대다수 공적 조직엔 합법적 권위를 지닌 지도자가 있어요. 또 어떤 분야든 지도자라면 공통으로 갖춰야 할 역량과 자질도 있죠. 도덕성, 사명감, 소통 능력, 준법정신, 지성, 추진력, 합리성 등입니다.

그렇지만 조직의 성격과 목표에 따라 각 지도자의 차이점도 존재합니다. 예컨대 정치 지도자는 국민을 대표한다는 사실, 국민에게서 통치 권력을 위임받는다는 사실이 다른 분야의 지도자와 확연히 다릅니다. 국가와 사회의 구성원, 즉 국민과 시민으로부터 통치 권력을 합법적으로 위임받는 과정이 바로 선거죠.

어떤 분야의 지도자든 구성원들의 뜻을 모으고 다양한 의견을 수용하며 설득과 타협을 통해 조직을 이끌어 가는 민주적 절차를 지키는 게 중요하겠지만, 국가적인 선거로 다수 국민의 동의를 얻어 선출되는 경우는 정치 지도자뿐이에요. 기업 최고 경영자(CEO)나 스포츠 팀의 감독, 종교 성직자도 구성원들의 자발적 참여와 협력을 끌어내야 하는 지도자이지만 국민이 참여하는 선거로 뽑히는 존재는 아닙니다.

정치 지도자 가운데 최고 자리는 대통령입니다. 대통령의 목표는 곧 그가 대표하는 국가의 목표이며, 그것이 국민의 존엄과 행복이라는 점도 다른 분야의 최고 지도자들과는 구별되는 지점이죠. 스포츠 지도자는 승리가 목표이고, 기업 최고 경영자는 매출과 이윤의 증대가 목표이며, 종교 지도자는 신앙을 통해 더 많은 이를 교화하는 게 목표이니까요.

대통령에게 필요한 리더십은 그가 '국민으로부터 위임받은 통치 권력'을 지니며 '국민의 존엄과 행복을 위해 자기 권한을 사용해야 한다'는 사실로부터 나옵니다. 따라서 대통령은 국가원수이자 정부 수반으로서 나라를 대표하는 존재이기 때문에, 그 자신은 물론이고 특정한 개인이나 집단의 이익만을 좇아선 안 됩니다. 정치의 가장 중요한 기능은 '개개인과 다양한 집단의 이해 갈등을 조정하는 일'이므로 여러 계층의 국민 삶을 잘 이해하고, 입법·사법·행정 등 국가의 작동 원리를 잘 알며, 과학·경제·문화·국방·외교 등 우리 사회 전반의 중요 과제들을 수행할 수 있어야 하죠.

세종과 이순신, 링컨과 루스벨트

국가 지도자가 갖춰야 할 덕목과 자질의 근본은 나라나 시대에 따라 다르지 않을 거예요. 하지만 나라마다 시대마다 국민마다 요구하는 리더십의 종류가 다르고, 지도자마다 펼치는 리더십의 유형 역시 같지 않습니다. 더 똑똑한 지도자, 더 믿음직한 지도자, 더 용감한 지도자, 더 일 잘하는 지도자, 더 자애로운 지도자, 더 정의로운 지도자, 더 협상에 뛰어난 지도자 등 지도자에 따라 저마다 다른 스타일을 지니죠. 마치 MBTI 검사처럼요.

나라가 처한 상황과 시대 변화에 따라 국민이 요구하는 대통령의 리더십 또한 다를 수밖에 없습니다. 경제성장을 이룩해야 할 때,

과학과 문화의 융성을 이뤄야 할 때, 재난과 재해를 극복하고 나라를 일으켜야 할 때, 전쟁 위기에서 평화를 지켜야 할 때 등 시대가 요구하는 임무에 맞는 지도자상이 따로 있을 수 있죠.

역사 속 인물을 예로 들어 봅시다. 우리나라에서 가장 존경받는 지도자상이라 하면 항상 첫손으로 꼽는 인물이 세종(조선 제4대 왕, 재위 기간 1418~1450)과 이순신(1554~1611)이에요. 세종은 아버지인 태종(조선 제3대 왕, 재위 기간 1400~1418)이 다져 놓은 조선왕조의 기틀 위에 선진적인 제도를 완성했고 과학과 경제, 문화의 발전을 이끌었죠. 아버지인 태종이 운명의 개척자라는 면모를 지녔다면, 아들 세종은 태종이 일군 땅에 지(知)와 덕(德)으로 뛰어난 건축물을 지은 군주라고 할 수 있습니다. 태종이 이룬 안정된 왕권을 바탕으로 세종은 당시로서는 가장 앞선 문물을 꽃피웠어요.

한편 이순신은 국가 위기와 재난의 시대에 민족의 운명을 구한 탁월한 지도자입니다. 전쟁에 대비하는 주도면밀함과 용맹하고 과감한 결단력을 갖춘 인물이죠. 이와 동시에 나라와 백성을 위해 사적 이익은 기꺼이 버린, 희생정신이 지극한 지도자였고요.

미국에서는 역대 최고의 지도자로 제16대 대통령인 에이브러햄 링컨(Abraham Lincoln, 재임 기간 1861~1865)과 제32대 대통령인 프랭클린 D. 루스벨트(Franklin D. Roosevelt, 재임 기간 1933~1945)가 첫손에 꼽힙니다. 링컨 전(前) 대통령은 남북전쟁을 승리로 이끌었으며 노예해방을 이뤘죠. 무엇보다 그는 남북으로 갈린 당시 미국에서 뛰어난 협상력을 발휘한 정치인이기도 했습니다.

루스벨트 전 대통령은 미국 역사상 가장 혹독한 경제 침체기인 대공황과 제2차세계대전으로부터 조국과 국민을 구한 지도자예요. 그는 자본주의 시장경제에 계획경제를 과감히 결합한, 전례 없는 경기 부흥 정책인 '뉴딜'(New Deal)로 경제를 개혁하며 미국을 부자뿐 아니라 노동자와 서민 모두의 나라로 통합했답니다.

태종이 '개척자의 리더십'을 지녔다면 세종은 학자보다 더 뛰어난 학식과, 백성과 약자를 품는 자애로움이 돋보이는 '지와 덕의 리더십'을 가진 지도자입니다. 이순신은 호랑이 같은 용맹함으로 나라의 위기를 돌파한 지도자죠. 링컨이 시대 흐름을 꿰뚫는 안목으로 전쟁과 협상을 탁월하게 병용한 지도자라면 루스벨트는 경제 위기의 시대에 개혁과 도전, 통합의 리더십을 발휘한 지도자예요.

모든 정부는 국민의 수준을 반영한다

여러분 가운데는 국가 지도자를 뽑는 선거에 참여해 본 사람도 있고, 곧 선거권을 갖는 독자도 있을 겁니다. 우리는 어떤 지도자를 원할까요? 지금 시대에 필요한 지도자의 리더십은 무엇일까요?

먼저 경제 위기의 시대, 재난과 재해의 시대에 대처할 능력을 갖춘 지도자여야 합니다. 코로나19 유행 기간 내내 많은 국민이 경제적 고난과 심신의 어려움을 겪었어요. 앞으로도 언제 어떻게 대규모 감염병이나 자연재해가 우리를 덮칠지 모릅니다. 국가 지도자는 무엇보다 위기에 대한 정확한 이해와 판단이 필요하며, 국민의 안전과 생계를 지킬 전략을 짤 수 있어야 하죠.

또한 국민 사이의 분열과 혐오를 극복하고 통합을 이뤄 낼 능력을 갖춘 지도자여야 해요. 지금은 계층, 성별, 세대, 이념, 지역 등에 따른 사회 갈등이 큰 시기예요. 국가 지도자라면 분열된 국민을 통합하고 모든 이에게 균등한 기회를 보장할 공정한 사회를 추구해야 하죠. 사익보다 공익과 국익을 앞세우고, 특정 진영이나 집단의 이해에 매몰되지 않는 균형과 합리성을 두루 갖춘 지도자여야 합니다.

마지막으로 지금 시대의 지도자는 더욱 치열해지는 국가 간 경쟁에 대응해 국익을 극대화할 수 있는 외교력과 협상력을 갖춰야 할 겁니다. 미국과 중국의 패권 다툼 가운데 북한과 평화로운 관계를 유지·발전시키고, 일본과의 역사를 직시하면서 미래 지향적인 관계를 추구할 리더십이 필요해요.

영국의 저술가 새뮤얼 스마일스(Samuel Smiles)는 1859년 펴낸 『자조론』Self-Help에서 "한 나라의 정부는 국민 개개인의 수준을 반영하는 데 지나지 않는다. 국민보다 앞서가는 정부는 국민의 수준에 맞게 끌어내려지고, 국민의 수준에 미치지 못하는 정부는 세월이 흐르면서 차츰 국민의 수준에 걸맞게 끌어올려진다. 물이 자체적으로 수위를 맞추는 것과 같이, 총체적 국민성은 자연계의 질서에 따라 그 나라에 걸맞은 법률과 정부를 만들어 낸다. 품성이 고결한 국민은 고결하게 대우받고, 무지하고 부도덕한 국민은 천하게 취급당할 것이다."라고 했습니다. 우리가 선거 때마다 '지금 시대, 국민과 나라에 필요한 지도자의 리더십은 무엇인가'를 깊이 생각해 봐야 하는 이유입니다.

정치 이야기만 나오면 싸운다고?

평소엔 점잖고 서로 친하게 지내다가도 대화 주제로 정치가 떠오르는 순간 얼굴이 시뻘게지며 목소리가 커져서 잡아먹을 듯 싸우는 이들이 적지 않아요. 일가친척끼리 모인 식사 자리에서도 정치 이야기는 금물이죠.

온라인 공간에서 또한 마찬가지입니다. 최근 인터넷상에선 서로 다른 정당이나 정치인을 지지하는 사람들끼리 '내가 옳네, 네가 틀리네' 하며 심한 막말까지 동원해 싸우는 모습을 자주 볼 수 있어요. 그런가 하면 정치 성향이 비슷한 이들, 똑같은 정치적 의견을 지닌 사람들은 끼리끼리 모여 일방적 주장만을 강변하는 인터넷 방송을 시청하죠. 때로는 인터넷 방송이 가짜 뉴스를 퍼뜨리는 진원지가 되고요. 그런 현상은 선거 때가 되면 특히 심해진답니다.

대립적인 주장을 내세우는 개개인이나 단체가 한곳에서 시위하며 충돌을 벌이는 일도 종종 발생해요. 정부 청사가 위치한 광화문, 서울시청 앞 서울광장, 대통령실이 자리한 용산, 대검찰청과 대법원이 모여 있는 서초동 등지에서 흔히 만나는 풍경이죠.

이는 최근 몇 년 사이에 극심해진 현상입니다. 비단 우리나라뿐 아니라 세계 각국이 공통으로 겪는 갈등이기도 해요. 똑같은 정당을 지지하는 사람이 아니라면 서로 만나거나 사귀는 것도 꺼릴 정도죠. 그런 현상을 '편 가르기 정치' 혹은 '정치 양극화'라 부르는데, 이를 해결하는 일은 몇몇 개인이나 집단만의 문제가 아닌 국가적인 과제랍니다.

두 편으로 갈린 선거, 정치 양극화

국가적 위기와 재난을 극복하거나 앞날을 위해 중대한 결정을 내려야 할 때, 국민이 뜻과 힘을 모으기보다는 두 편으로 갈린 채 싸우면 어떻게 될까요? 미워하고 대결하며 배제하는 분열 앞에서, 어떻게 국민을 설득하고 타협하며 포용하는 정치를 만들 수 있을까요?

정치 양극화의 배경엔 세계 각국에서 치열해진 정당 간, 진영 간 경쟁이 자리해요. 특히 최근 선거에서 그런 모습이 잘 나타났죠.

먼저 우리나라를 살펴볼까요? 2022년 3월 9일에 치러진 제20대 대선은 1987년 대통령 직선제가 시행된 이래 가장 치열했던 선거로 손꼽힙니다. 개표 결과 1·2위 후보 사이의 득표수와 득표율 차이가 역사상 가장 작았죠. 무려 3,400만여 명이 투표한 대통령 선거에서 승부는 고작 24만여 표로 결정됐어요. 득표율 차이는 0.73%뿐이었습니다. 당선자인 윤석열 대통령의 득표율은 48.56%, 이재명 후보의 득표율은 47.83%였거든요.

우리나라처럼 대통령제를 채택한 대표적인 국가인 미국과 브라질의 최근 대선 결과도 비슷했답니다. 2020년 11월 3일에 치러진 제59대 미국 대통령 선거는 투표가 끝나고 사흘이 지날 때까지도 당선자가 확정되지 않을 정도로 접전이었어요. 연방제 국가인 미국은 각 주(州)의 주민들이 주별로 선거인단을 뽑고, 주별 선거인단이 대통령을 선출하는 간접선거제를 채택합니다. 최종 당선자가 된 조 바이든(Joe Biden) 대통령은 25개 주와 워싱턴 D.C.에서 승리했고, 상대 후보 도널드 트럼프(Donald J. Trump) 전 대통령은 25개 주에서 이겼죠. 우세 지역의 수가 한 곳밖에는 차이가 나지 않았습니다.

브라질도 대선에서 딱 두 편으로 갈렸어요. 2022년 10월 30일에 치러진 제39대 브라질 대통령 선거 결선투표에서 당선자인 루이스이나시우 룰라 다시우바(Luiz Inácio Lula da Silva) 대통령의 득표율은 50.9%, 상대 후보인 자이르 보우소나루(Jair M. Bolsonaro) 전 대통령의 득표율은 49.1%였죠.

선거 과정에서 정치권뿐만 아니라 국민까지 두 편으로 갈려 분열되는 것도 커다란 문제인데, 미국과 브라질은 선거가 끝난 뒤에도 서로 포용하고 통합하지 못해 더 큰 후유증을 앓고 있습니다. 실제로 미국과 브라질에서는 선거 결과를 못 받아들인 낙선 후보 측 지지자들이 의회 건물에 난입해 폭력 시위를 벌일 정도였어요.

우리나라는 이 정도까진 아니지만, 서로 다른 정당 지지자들 사이의 갈등은 점차 커지는 양상입니다. 거리 시위에서도, 온라인 커뮤니티에서도 서로 다른 정당이나 정치인을 지지하는 사람들이 충돌하는 빈도가 잦아지고 있죠. 상대를 모함하는 가짜 뉴스의 양도 점점 늘어나고요.

다른 나라도 마찬가지예요. 의원내각제인 영국은 지난 몇 년간 유럽연합(EU) 탈퇴 여부를 두고서 국민 의견이 양분돼 총리가 여러 번 바뀌고 그때마다 선거가 치러졌습니다. 남아메리카의 나라들에서도 서로 다른 정당과 정치인을 지지하는 세력끼리 대결하며 충돌하는 시위가 끊임없이 일어나고 있죠.

민주주의 정치에서 뜻을 달리하는 정당과 정치 세력이 권력을 얻고자 경쟁을 벌이는 건 당연해요. 하지만 이런 경쟁의 밑바탕에는 늘 국가 발전과 사회 통합이라는 공동의 목표가 자리해야 합니다. 법과 제도를 준수하고 설득, 타협, 포용의 민주주의 원리를 지키며 경쟁해야 하죠. 그런데 최근 세계 각국에서 나타나는 편 가르기 정치는, 정당이나 정치 세력이 자기들만의 권력과 이익을 강화하고 유지하기 위해 국민 사이에 갈등과 분열을 조장하는 방식으로 이뤄지고 있어 심각한 문제입니다. 이 때문에 법과 제도, 민주주의 원리는 무시되기 일쑤예요. 민주정치의 가장 기본인 대의 민주주의, 의회 민주주의, 정당정치가 제대로 작동하지 않고 있는 겁니다.

간접민주제를 이루는 의회와 정당

현대 민주주의 제도는 대부분 '간접민주정치'의 형태를 띱니다. 간접민주정치는 간접민주제 또는 대의 민주주의라고도 하며 '직접민주정치'와 반대되는 개념이죠. 직접민주정치는 말 그대로 국민이 국가의 의사 결정에 직접 참여하는 방식이에요. 한편 간접민주정치는 국회의원이나 대통령 등 국민이 스스로 선출한 대표자를 통해 국가권력을 행사하는 방식입니다.

직접민주정치의 원형은 고대 그리스의 도시국가(polis)인 아테네에서 찾을 수 있는데, 이곳 시민들은 공동체에 무슨 일이 생길 때면

광장에 모여 정책을 직접 결정했다고 해요. 하지만 인구가 많아지고 정부의 규모와 역할이 커진 오늘날엔 직접민주정치가 불가능하게 됐죠. 그래서 현대 민주주의국가의 의사 결정은 대개 간접민주정치에 기반해 이뤄집니다. 다만 간접민주정치의 부족한 점을 보완하고, 국민의 의사 결정권을 강화하고자 나라마다 직접민주정치 제도를 일부 도입하기도 해요. 국민발안이나 국민소환, 국민투표 등의 제도가 대표적이죠.

간접민주정치의 가장 큰 특징은 국민이 직접 뽑아 구성하는 의회 제도에 있습니다. 현대 민주주의의 정치제도는 나라마다 대통령제와 의원내각제, 입헌군주제 등 다양한 형태를 띠지만 어느 국가든 의회를 두고 입법과 중요 정책의 결정을 맡긴다는 점은 같아요.

이 때문에 간접민주정치는 의회 민주주의라는 말과 거의 같은 의미로 쓰입니다. 그리고 의회정치는 정치적 견해와 노선을 같이하고 권력 획득을 목적으로 삼는 단체인 정당이 주도하죠. 따라서 의회정치의 핵심은 '정당정치'라고도 할 수 있어요.

정당은 여러 국민의 뜻을 대변하고, 이들의 요구와 이해를 법과 정책으로 실현하는 역할을 맡습니다. 그렇지만 정당의 목적은 권력 획득, 즉 대통령을 배출하거나 의회의 다수당이 되는 것이죠. 일반적으로 한 나라 안엔 다양한 정당이 존재해서 서로 경쟁도 벌이고 협력도 합니다. 계층, 성별, 세대, 종교, 지역, 직업 등에 따라 저마다 정부에 원하는 바가 다를 수밖에 없기 때문입니다. 결국 권력을 획득하려는 정당들의 경쟁은 더 많은 국민의 지지를 얻기 위해 이뤄진다고 볼 수 있어요. 선거에서는 더 많은 표를 얻기 위함이죠.

하지만 최근엔 정당들 사이의 경쟁이 과열되면서 정당정치가 본연의 역할을 못 하는 현상이 나타나고 있답니다. 국민의 이해를 대변하고 갈등을 조정하기보단 정당이 대결과 분열을 조장하는 데 이른 거예요. 이러다 보니 국민도 어느 정당을 지지하는지에 따라 편이 갈려, 서로 증오하고 질시하는 지경이 됐고요.

정치는 스포츠 게임이 아니다

지지 정당이나 정치 성향에 따른 편 가르기 현상이 얼마나 심각한지를 보여 주는 조사 결과도 있어요. 2010년 미국에서 '자녀가 다른 정당 지지자와 결혼한다면 어떻겠느냐?'라는 질문을 유권자들에게 던졌는데 '불쾌할 것 같다'는 응답이 무려 40%를 차지했습니다. 똑같은 물음을 1960년에 했을 때는 4~5%만 '불쾌할 것 같다'고 대답했는데 말이죠(에즈라 클라인, 『우리는 왜 서로를 미워하는가』, 파주: 월북, 2022, 110~111쪽). 우리나라에서도 2022년에 비슷한 주제로 설문조사를 진행했어요. 결과는 어땠을까요? '정치 성향이 다른 사람과는 함께 밥도 먹기 싫다'는 응답이 약 40%를 차지했고 '본인이나 자녀가 정치 성향이 다른 이와 결혼하는 게 불편하다'는 대답도 43%나 됐습니다(《조선일보》2023년 1월 3일 자 「국민 40%가 "정치 성향 다르면 밥도 먹기 싫다"」).

이는 정당정치가 거꾸로 된 결과입니다. 목적과 수단이 바뀐 탓이에요. 원래 정당정치는 국민이 자신의 의견을 더 잘 대변해 주고, 자기 삶에 더 도움이 될 만한 정책을 내놓는 정당이나 정치인을 선택하는 과정으로 이뤄져야 합니다. 그래서 정당은 국민의 요구와 사회 변화를 잘 읽고 어떤 주장과 정책을 펴야 더 많은 국민의 지지를 얻어 나라 발전을 도모할 수 있는지 끊임없이 연구하며 새로이 바뀌려는 노력을 기울여야 해요.

하지만 요즘엔 국민이 정책을 살펴본 뒤 정당을 선택하는 게 아니라, 지지 정당에 따라서 정책에 관한 판단을 달리하는 현상이 더 두드러지고 있습니다. 국민이 정당을 감시하고 심판하며 선택하는 게 아니라, 오히려 정당이 국민의 삶을 지배하는 격이죠. 앞서 봤듯 지지 정당이 서로 다르면 결혼하기 어렵고, 같이 밥 먹기조차 싫다고 할 정도로요.

국민 사이에서도 정치를 스포츠 게임처럼 여기며 정당을 자신이 응원하는 팀처럼 생각하는 경향이 나날이 강해지고 있어요. 내가 지지하는 정당의 주장이라면 덮어놓고서 옳은 것으로 받아들이고,

상대 정당이 하려는 일엔 무조건 반대만 외치는 사람이 많죠. 특히 어느 나라나 덩치가 큰 두 정당이 정치를 좌지우지할 때 그런 폐해는 더욱더 심각해집니다. 국민의 선택권이 제한되기 때문이에요.

거대 양당 체제에서 국민은 A당 아니면 B당을 지지할 수밖에 없습니다. 물론 작은 정당들이 없는 건 아니지만 이들은 힘도 약하고 선거제도상 활동에 제약도 많아, 국민의 시야에서 벗어나기 일쑤죠. 그러니 국민은 모든 정책에서 '예' 아니면 '아니오'라는 선택을 강요받을 수밖에 없어요. 이런 정치 아래에서는 국민도 양편으로 갈라져 갈등하게 됩니다. A당과 B당은 서로 상대 당만 물리치면 자기들이 집권할 수 있으니, 더 나은 계획이나 더 좋은 정책으로 경쟁하기보단 상대방을 무너뜨리는 데 힘을 써요.

갈등을 해결하고 국민을 통합하는 정치

자석은 아무리 잘라 봐도 한쪽은 N극, 다른 쪽은 S극이 될 뿐입니다. N극과 S극 말곤 없죠. 지금 정치의 모습도 이를 닮았어요. 그래서 편 가르기 정치를 정치 양극화라고도 부르는 거예요. 정치 양극화는 각 정당이 국민을 네 편 내 편으로 가르고, 유권자들은 '과연 어떤 정책이 내 삶에 이로울까?'보다도 '당장 내가 지지하는 정당이 이기려면 어떻게 해야 할까?'를 우선하기 때문에 생깁니다. N극과 S극은 공존할 수 없고 서로 밀어낼 뿐입니다. N극과 S극밖에 없는 정치는 배제, 증오, 차별, 혐오를 낳습니다. 국민 절반이 승자가 되면 절반은 패자가 됩니다. 정치 양극화가 반복될수록 모든 국민은 패자가 될 수밖에 없어요.

이제 우리는 정치 본연의 기능과 의미가 무엇인지를 다시금 생각해 봐야 합니다. 정치가 필요한 이유는, 여러 사람과 집단이 모인 사회는 필연적으로 갈등을 겪을 수밖에 없기 때문이죠. 갈등의 조정이야말로 정치의 가장 큰 역할이고요.

정치의 기능은 서로 다른 개개인이나 집단 간의 의견과 이해 충돌을 설득과 타협을 통해 조화롭게 조정하고, 공동체의 문제를 해결하는 겁니다. 이를 위해 정당도 다수 국민의 이해를 충족하는 동시에 계층, 성별, 세대, 지역 등에 따라 서로 다른 입장을 조화롭게 포용할 수 있어야 하죠. 정치는 갈등과 경쟁에서 출발하지만, 국가 발전과 사회 통합이라는 궁극적 목적을 향해 나아가야 해요.

결국 정치는 다수의 이익을 충족하면서도 소수의 목소리 역시 존중받는 사회를 만들기 위해 필요합니다. 분열을 조장하며 편을 가르는 정치는 없어져야 마땅하죠.

따라서 우리는 어떤 정당이 계층 간, 남녀 간, 세대 간, 지역 간 갈등과 분열을 조장해서 표를 얻으려 하는지 감시하고 심판해야 해요.

무엇보다, 내가 지지하는 정당보단 '내가 지지하는 정책이 무엇이어야 하는지'를 먼저 생각해야 합니다. 내 삶을 위하고 국가 발전과 사회 통합을 이룰 정책이 무엇인지에 따라, 지지하는 정당을 선택해야 하죠. 거기에 더해 A당과 B당뿐 아니라 C와 D, E, F 등 더 많은 정당이 국민의 다양한 뜻을 대변하고 선택받을 수 있도록 선거제도 또한 바뀌어야 할 겁니다.

아빠와 딸의 투표 대모험

스윙 보트

아빠가 이야기합니다.

"투표로 달라지는 건 아무것도 없어. 마치 네 뜻대로 될 것 같다는 기분만 들게 할 뿐이지."

딸이 답합니다.

"모든 투표는 중요해. 투표는 사회적 약속이거든."

2008년 개봉한 미국의 코미디 영화 〈스윙 보트〉*Swing Vote*는 한심한 아빠와 똑똑한 딸의 '투표 대모험'을 그립니다. '선거 결과 대통령 후보 2명의 표수가 똑같아서 내가 가진 마지막 한 표가 당선자를 결정하게 된다면?'이라는 기발한 상상을 담은 작품이죠.

공장노동자인 아빠 버드 존슨(케빈 코스트너 분)은 꿈도 희망도 없이 하루를 술로 보내는 사람입니다. 한편 그의 딸 몰리(매들린 캐럴 분)는 아주 영특한 12세 소녀예요. 대선을 앞두고 몰리는 버드에게 꼭 투표하라고 말하죠. 정작 버드는 누가 후보로 나왔는지도 모르는데 말입니다.

하지만 "투표 안 하면 이제 아빠랑 안 살아!"라고 선언한 딸 때문에 버드는 마지못해 알았다고 합니다.

그런데 기상천외한 상황이 펼쳐져요! 1·2위 두 후보가 과반수 득표에 실패해서 버드가 사는 뉴멕시코주의 투표 결과가 승패를 결정짓게 됐는데, 이마저도 양쪽이 동수가 되어 버린 것이죠. 그때 버드의 이름으로 된 표가 전자 기기 오류로 투표 결과에 반영되지 않았다는 놀라운 사실이 알려집니다. 이제 전국에서 단 한 사람, 버드만이 열흘 안에 재투표해야 하는 상황이에요.

버드의 한 표가 미국의 운명을 결정하게 된 겁니다. 이 사실이 알려지자 모든 언론이 그에게 몰려들었죠. 두 후보 역시 버드의 동네에 와서 오직 한 사람만을 향한 선거운동을 펼쳐요. 버드의 환심을 사려고 두 후보는 마구 공약을 쏟아 놓습니다. 심지어 후보들은 버드만을 위한 파티를 여는가 하면, 좋은 일자리를 은밀히 약속하는 '불법 선거운동'을 벌이기도 하죠. 과연 버드의 선택은?

앞선 글을 잘 읽은 독자라면 제목 '스윙 보트'의 뜻을 알 거예요. 아직 누구에게 투표할지 결정하지 못했거나 예측 불가능한 유권자의 표를 의미하죠. 극 중에서 버드는 자신을 '무당파'라고 표현하는데, 이는 아무 정당도 지지하지 않는 유권자를 가리킵니다. 당연히 그는 누구에게 투표할지도 결정하지 않았어요. 이러니 버드는 단 한 표로 선거 결과를 결정짓는 '캐스팅 보터'이기도 한 셈이죠.

미국 대선은 우리나라와 달리 시민들이 자기가 사는 지역의 선거인단을 뽑고, 선거인단이 대통령을 선출하는 '간접선거' 방식입니다. 주마다 인구 규모가 달라서 선거인단 수도 제각각인데, 51개 지역(50개 주와 워싱턴 D.C.)의 선거인단을 모두 더하면 총 538명이에요. 그래서 과반인 270표를 획득해야 대통령에 당선될 수 있죠. 극 중에선 버드가 사는 지역인 뉴멕시코주를 제외하곤 두 후보가 266표 대 267표로 승부를 가리지 못했어요. 버드의 단 한 표가 뉴멕시코주에 할당된 5표를 한 후보에게 몰아주는 결정적 역할을 하는 셈이에요(승자 독식제). 전자 기기 오류로 재투표하게 되는 상황은 실제로는 일어날 가능성이 거의 없지만 아예 불가능하진 않다고 해요.

한심하기 짝이 없는 버드가 일약 '스타'가 되어 미국 정치를 들었다 놨다 하는 상황도 재밌고, 아빠와는 영 딴판으로 똑똑한 딸 몰리가 현명히 대처하는 모습도 감동적입니다. 영화에선 아주 우스꽝스럽게 그려지지만, 현실에 엄연히 존재하는 '선거운동'의 이면을 들여다보는 일도 흥미롭죠.

두 후보는 단 한 사람의 유권자를 위해 선거운동을 벌이는데, 이때 버드는 평범한 국민 전체를 대표한다고 볼 수 있어요. 후보들은 버드의 평소 생활과 정치관, 취향을 세밀히 조사해서 그의 마음을 얻으려고 합니다. 모든 선거운동이 그렇듯 말이죠. 이 영화는 한 표의 중요성뿐만 아니라, 현명한 유권자가 좋은 정치를 만들 수 있다는 사실을 유쾌하게 보여 줘요.

우리는 모두 정치의 주인

한글, 민주주의의 도구가 되다

 1948년 5월 10일, 해방 이후 첫 선거이자 우리나라 최초의 근대적 자유선거인 '제헌 국회의원 선거'가 치러졌습니다. 헌법을 만들 국회의원을 뽑는 선거였죠.

 그런데 당시에는 이 역사적인 선거를 '작대기 선거'라고도 불렀답니다. 왜냐하면 후보들의 기호를 긴 막대기로 표시했거든요. 선거 벽보와 투표용지에는 후보의 이름과 함께 기호 1번은 'Ⅰ', 2번은 'Ⅱ', 5번은 'ⅠⅠⅠⅠⅠ' 등으로 표기돼 있었죠. 아직 한글과 아라비아숫자를 읽을 줄 모르는 유권자가 많았기 때문입니다. 실제로 해방 직후 우리나라의 비문해율은 70~80%에 이르렀어요.

나라를 지키고 정치를 발전시키는 데 국민의 문해력이 얼마나 중요한지 보여 주는 또 다른 예가 있습니다. 2021년 8월 아프가니스탄에선 기존 정부가 무너지고 반군인 이슬람 극단주의 무장 세력 '탈리반'(Taliban)이 정권을 장악하는 사건이 일어났죠. 수많은 목숨이 희생당한 비극이었어요. 원래 아프가니스탄은 미군이 대규모로 파병된 곳 가운데 하나였습니다. 미군은 약 20년 동안 주둔하면서 엄청난 돈과 장비를 투입해 아프가니스탄 정부군을 훈련했죠. 그런데 미군이 철수를 시작하자마자, 숫자도 많던 정부군이 반군에 맥없이 무너졌어요.

이에 대해 여러 가지 원인 분석이 나왔는데, 정부군의 낮은 문해율도 그중 하나로 꼽혔답니다. 대다수 아프가니스탄 병사가 글을 제대로 읽고 쓸 줄 몰라 미군의 훈련도 첨단 장비도 소용없었다는 것이죠. 아프가니스탄 병사 100명 중 5명 정도만 초등학교 3학년 수준의 글을 읽고 쓸 줄 알았대요.

만약 우리에게도 고유문자인 한글이 없었다면 어땠을까요? 지금까지도 한자만 사용해야 한다면 말입니다. 또는 일제강점기에 우리말과 우리글을 잃어버려서 일본어로 읽고, 쓰고, 말하게 됐다면요? 상상만 해도 아찔합니다.

우리는 매년 10월 9일을 한글날로 지정해 한글의 고마움과 훈민정음 창제의 역사적 뜻을 기려요. 세종이 훈민정음을 만들어 세상에 반포한 때는 1446년이죠. 600년 가까이 한글은 한민족의 삶, 그리고 국가의 운명과 함께해 왔습니다. 한글은 우리 말글살이에 큰 영향을 줬을 뿐만 아니라, 나라와 정치의 발전에도 중요한 역할을 했어요. 세종이 훈민정음 창제에 담은 민본(民本) 정신은 현대에 와선 국민주권과 자주 외교, 민주주의 사상으로 새로이 이어지고 있죠. 디지털 정보의 시대, 민주주의와 의사소통의 '도구'로서 한글은 그 중요성이 더욱 커지고 있습니다.

훈민정음 창제, 조선 최대의 '정치적' 사건

세종은 1443년에 훈민정음을 창제해 3년 뒤 반포했어요. 요즘 시각으로 보자면, 아주 요긴한 문자를 발명하고 이를 발표해 널리 쓰이도록 한 건 오로지 '좋은 일'로 여겨지죠. 하지만 당시에는 반응이 전혀 달랐습니다. 조정의 유력한 신하들이 세종에게 상소를 올려 훈민정음 창제를 격렬히 비판했어요. 절대왕권이라 부를 만큼 임금의 권력이 무한했던 시대에, 신하들이 집단으로 왕명에 반기를 들고 나서는 건 좀처럼 상상하기 어려운 모습이었죠.

그만큼 훈민정음 창제가 나라의 큰 사건이었던 겁니다. 왕과 신하가 자신들의 권력과 운명을 걸고 정면충돌할 정도로 중대사였던 거예요. 이처럼 한글은 탄생부터 매우 '정치적'이었습니다. 훈민정음 창제를 조선 최대의 정치적 사건이라고 봐도 좋을 정도로요.

이 당시 훈민정음 창제와 반포에 반대한 신하들의 대표는 집현전 부제학이던 최만리예요. 집현전은 당대 최고의 국립 연구 기관이었습니다. 부제학은 집현전의 실질적 수장이고, 그 자리에 있다는 건 조선에서 제일가는 학자라는 뜻이죠. 이런 최만리가 훈민정음 창제 이듬해인 1444년 임금에게 올린 상소에서 다음과 같이 말했습니다.

> 대국을 섬기어 한결같이 중화의 제도를 준행하였는데, 이제 글을 같이하고 법도를 같이하는 때를 당하여 언문을 창작하신 것은 보고 듣기에 놀라움이 있습니다. 설혹 말하기를, '언문은 모두 옛 글자를 본뜬 것이고 새로 된 글자가 아니라.' 하지만, 글자의 형상은 비록 옛날의 전문을 모방하였을지라도 음을 쓰고 글자를 합하는 것은 모두 옛것에 반대되니 실로 의거할 데가 없사옵니다. 만일 중국에라도 흘러 들어가서 혹시라도 비난하여 말하는 자가 있사오면, 어찌 대국을 섬기고 중화를 사모하는 데에 부끄러움이 없사오리까.
>
> — 『세종실록』 103권, 세종 26년(1444) 2월 20일

또한 최만리는 "언문을 만드는 것은 중국을 버리고 스스로 이적 (오랑캐)과 같아지려는 것"이며 "문명의 큰 흠절"이라고도 말했어요.

심지어는 "어찌 예로부터 시행하던 폐단 없는 글(한자)을 고쳐서 따로 야비하고 상스러운 무익한 글자를 창조하시나이까." 하고 세종에게 따져 묻기까지 했죠. 왕이 직접 만든 글자를 가리켜 감히 "야비하고 상스러운 무익한 글자"라고 면전에 비판했을 정도이니, 중국을 대국으로 숭상하던 당시 관료와 유학자들의 분노를 익히 짐작할 만합니다.

그 당시 중국 명(明)나라는 황제의 나라였고, 조선은 왕의 나라였습니다. 군신 관계와 크게 다를 바가 없어, 조선은 정기적으로 조공을 바치는 건 물론이고 왕위 세습조차 명 황제의 '승인'을 얻어야 했어요. 조선에 있어선 중국이 쓰는 한자, 한자로 창조된 문화만이 곧 '문명'이었죠. 중국 밖의 것은 모두 '오랑캐의 짓'으로 여겨졌고요. 따라서 세종의 훈민정음 창제가 자칫 중국과 조선 간의 사대 관계를 부정하고, 유일한 문명인 한자 문화권을 벗어나 야만적인 오랑캐의 짓을 하는 일이 될 수도 있다는 게 최만리를 비롯한 당대 지식인들의 주장이었답니다.

이처럼 훈민정음 창제는 세종으로선 조선왕조의 생명과 정통성을 걸고 감행하는 큰 모험일 수밖에 없었어요. 밖으로는 중국과의 사대 외교, 안으로는 신권(臣權, 관료 신하들의 권력)의 도전 한가운데에서 자주국으로서의 주권을 다지고 왕권을 튼튼히 하며 국가의 기틀을 다잡기 위한 대사업이었던 겁니다.

유교적 민본에서 근대적 민주로

세종은 훈민정음 창제의 취지를 『훈민정음』 서문에 밝혔습니다. 그 내용은 다음과 같죠.

> 나랏말이 중국과 달라 문자와 서로 통하지 아니하므로, 우매한 백성들이 말하고 싶은 것이 있어도 마침내 제 뜻을 잘 표현하지 못하는 사람이 많다. 내 이를 딱하게 여기어 새로 28자를 만들었으니, 사람들로 하여금 쉬 익히어 날마다 쓰는 데 편하게 할 뿐이다.
>
> — 『세종실록』 113권, 세종 28년(1446) 9월 29일

단군 이래 우리 역사상 가장 뛰어난 왕으로 꼽히는 세종 역시 그 이전은 물론이고 그 이후로도 수백 년간이나 계속된 '사대 외교'와 '유교 사상', '군주제도'를 뛰어넘진 못했어요. 하지만 세종은 당대로선 가장 혁신적인 문화·정치·외교 사상을 『훈민정음』 서문을 통해 보여 줬답니다.

세종은 글보다 먼저 '말'을 앞세워 우리 고유의 표기 수단이 필요하다고 강조했습니다. 우리의 언어생활이 중국과 다르다는 '문화적 다양성'에 대한 인식을 뚜렷이 드러낸 것이죠. 적어도 언어생활에선 중국 것만이 옳고 그 밖의 것은 그르다 하지 않고, 다만 '다르다'고

표현했어요. 이를 통해 법과 제도 측면에선 중국을 황제국으로 받들어 따르지만, 조선 백성의 문화와 실생활은 중국과 엄연히 다르다는 사실을 확인한 겁니다.

훈민정음 창제가 글 모르는 뭇 백성을 위한 일이라는 사실을 명확히 한 점도 매우 중요해요. '백성이 나라의 근본'이라는 유교의 민본 사상과 애민 정신을 드러낸 것이니까요. 또한 세종은 훈민정음 창제가 실생활에서 쉽게 쓰일 수 있는 '실용성'과 '사용자 편의성'을 최우선으로 한 것임도 분명히 했죠.

'우리말은 중국과 다르다'는 인식에서 비롯된, 한자 문화의 권위와 지배로부터 벗어나려는 세종의 노력은 우리 역사의 첫 근대적 개혁으로 기록된 갑오개혁 때 비로소 큰 빛을 봅니다. 창제 450여 년 만에 한글이 나라의 공식 문자가 된 겁니다.

1894년 11월 21일에 고종(조선 제26대 왕이자 대한제국 제1대 황제, 재위 기간 1863~1907)은 '법률·칙령은 모두 국문을 기본으로 하고 한문으로 번역을 붙이거나 국한문을 혼용한다'는 내용의 정책을 발표했어요. '언문'(속된 문자)으로 불리던 한글이 그때부터 '나랏글'이라는 의미의 '국문' 칭호를 얻으면서, 한자를 제치고 으뜸가는 공식 문자가 됐죠. 이로써 문자로는 조선이 중국과의 사대 관계를 완전히 벗어난 셈입니다. 그로부터 3년 뒤인 1897년, 비록 한반도가 제국주의 열강의 각축장이 된 상황이었지만 조선도 임금의 격을 '황제'로 높이고 대한제국 수립을 선포하며 처음으로 중국 청(淸)나라와 대등한 관계임을 선언해요.

한편 민간에서 근대적 형태의 순 한글 매체가 발행된 건 1896년 《독립신문》이 처음이었습니다. 《독립신문》의 창간호 사설에는 이런 내용이 실렸죠.

> 우리 신문이 한문은 쓰지 않고 국문으로만 쓰는 것은 상하 귀천이 다 보게 함이라. 또 국문을 이렇게 구절을 떼어 쓰면 누구라도 이 신문 보기가 쉽고 신문 속에 있는 말을 자세히 알아보게 함이라. 각국에서는 사람들이 남녀 막론하고 본국 국문을 먼저 배워 능통한 후에야 외국 글을 배우는 법인데, 조선에서는 조선 국문은 아니 배우더라도 한문만 공부하는 까닭에 국문을 잘 아는 사람이 드무니라.
>
> 조선 국문과 한문을 비교하여 보면 조선 국문이 한문보다 얼마나 나은 것이 무엇인가 하니, 첫째는 배우기가 쉬우니 좋은 글이요, 둘째는 이 글이 조선 글이니 조선 인민들이 알아서 모든 일을 한문 대신 국문으로 써야 상하 귀천이 모두 보고 알아보기가 쉬울 것이라.
>
> —《독립신문》1896년 4월 7일 자 「논설」

이처럼 세종이 지녔던 '우리말에 대한 존중'은 훗날 애국정신과 민족주의로 이어졌어요. 훈민정음에 담긴 유교적 민본 사상과 애민

정신은 근대에 와선 모든 사람이 평등하고 국민이 나라의 주인이라는 민주주의와도 연결됐습니다.

소통과 정치, 정보와 민주주의

정치에서 가장 중요한 것 가운데 하나는 '소통'이에요. 국민은 언론과 정당 등을 통해 자신들의 요구나 이해를 의회, 정부 부처 등 국가기관에 잘 전달하고 정부는 나랏일을 국민에게 잘 알려서 설득해야 정치가 제대로 이뤄질 수 있죠. 세종이 훈민정음 창제에 나선 가장 중요한 목적 역시 소통입니다. 백성이 자기 생각을 잘 표현해야 나랏일에 반영할 수 있으니까요. 또 임금의 뜻과 생각을 두루 잘 전달하고, 백성이 그것을 이해해 잘 따라야만 국가 기강이 바로 설 수 있고요.

실제로 훈민정음이 창제된 뒤 한글은 나라와 백성 간 소통에서 점점 중요한 도구가 되어 갔습니다. 세종 이후 조선 왕실은 『삼강행실도』 같은 윤리 교육서, 불교·유교의 경전, 농서와 병서 같은 실용서 등을 한글로 편찬하거나 번역했어요. 그리고 훈민정음 반포 직후부터 세종은 하급 관리를 뽑는 과거 시험에 '언문' 과목을 새로 추가했죠. 백성을 상대하는 관리라면 한글을 일아야 한다고 본 겁니다.

한편 선조(조선 제14대 왕, 재위 기간 1567~1608)는 왕이 내리는 공식 문서인 교서를 한글로 만들기도 했어요. 신하와 백성들이 한글로 임금에게 상소를 올린 사례도 여러 시기에 걸쳐 적잖게 나타납니다.

그러니 왕도 한글을 꼭 알아야 했습니다. 세종 이후 왕실에서는 세자들에게 반드시 한글 교육을 했고, 대비나 중전 등 왕실 여성은 공식 교서와 서신을 거의 한글로 썼죠.

비록 한글은 임금이 나라의 주인인 군주 시대에 만들어진 문자이지만, 백성이 쉽고 편하게 쓰도록 하자는 민본 정신은 지금의 민주주의 사상과 통하는 측면이 있어요. 특히 한글은 한자를 모르는 신분 낮은 이들과 권력으로부터 소외된 여성 등 당시 약자와 소수자를 위한 '평등한 소통 수단'의 역할을 했습니다. 디지털 시대 민주주의의 중요한 조건이 평등한 정보 접근권, 즉 정보의 개방과 공유라는 점은 한글의 중요성을 더욱 실감케 해요.

제국주의 시대가 끝난 뒤, 식민지였던 많은 나라가 독립해 저마다 경제 발전과 정치 민주화에 도전했지만 대부분 좌절하고 말았답니다. 제2차세계대전 이후 독립해서 산업화와 동시에 민주주의 발전을 이루고, 경제와 정치체제를 선진국 수준으로 올려놓은 나라는 대한민국이 유일하죠. 이는 탄생부터 '민주주의'와 '자주 의식', 그리고 디지털 시대에 더 빛을 발하는 '실용성'과 '사용자 편의성'을 품은 한글이 있었기에 가능했던 게 아닐까요?

BTS가
정치랑 뭘 상관?

날이 갈수록 우리 대중문화가 국가와 지역, 민족과 인종을 넘어 세계인들로부터 큰 사랑을 받고 있습니다. 우리나라 역사상 전례가 없는 일이죠. 2022년 9월 넷플릭스(Netflix) 드라마 〈오징어 게임〉(2021)은 미국 TV 방송계의 최고 영예인 에미상 시상식에서 6개의 트로피를 받았어요. 비(非)영어권 작품으로는 최초의 일이었답니다. 봉준호 감독의 영화 〈기생충〉(2019)은 세계 예술영화의 최대 축제인 프랑스 칸영화제에서 개봉 직후 최고상인 황금 종려상을 수상했고, 모든 대중·상업 영화의 선망인 미국 아카데미상(오스카) 시상식에서도 작품상과 감독상을 받았죠.

이 열풍은 가요계에서도 예외가 아닙니다. 지난 몇 년간 방탄소년단은 빌보드 뮤직 어워드, 아메리칸 뮤직 어워드 등 외국의 각종 시상식을 휩쓸다시피 했어요. 블랙핑크(BLACKPINK) 역시 세계 각국에서 엄청난 팬들의 응원을 받았고요. 그 뒤로도 투모로우바이투게더(TXT), 뉴진스(NewJeans) 등 글로벌 K-팝 스타가 끊임없이 등장하고 있습니다. 세계 각지의 많은 팬이 한국어 노래를 자연스레 따라 부를 정도로 이들의 인기는 몹시 뜨겁답니다.

지금 젊은 세대에겐 한국 대중문화가 이처럼 주목받는 게 낯설지 않을 테지만, 우리 현대사로 보자면 이런 현상이 그리 오래된 일은 아니에요. 2000년대 들어 가요와 TV 드라마를 중심으로 아시아 지역에서 인기를 얻은 게 한류의 시작이었죠. 그러다 최근 10여 년간 한국 대중문화의 인기가 미국과 유럽 등 전 세계로 파급됐고요.

우리 대중문화가 이처럼 발전하기까지는 오랜 '암흑기'가 있었습니다. 군사독재 정부 시절 이야기죠. 정부가 가수의 옷차림이나 대중가요의 가사를 하나하나 단속하고, 영화 내용까지 검열하며 강제로 수정·삭제하는 일이 오랫동안 계속됐거든요. 또 어떤 때는 정부가 원하는 내용으로 작품을 만들어야만 했어요. 예술가는 창작의 자유를 온전히 누리지 못하고, 문화는 권력의 선전·홍보 수단으로 여겨졌습니다. 만약 이런 시대가 지속됐다면 'K-컬처'의 유행은 없었을 거예요.

표현의 자유가 없다면

예술과 민주정치의 공통점을 한 가지 꼽자면 무엇일까요? 바로 '표현의 자유'를 본질로 한다는 겁니다. 예술가가 자신의 상상력을 마음껏 못 펼친다면 좋은 작품도, 새로운 표현도 안 나오겠죠. 국민이 자유롭게 의사 표현을 못 한다면 언론이나 정당 활동까지 제한받아서 개인과 집단의 이익 추구도, 나라의 앞날에 대한 의견 개진도 불가능할 거예요. 예술가의 '상상의 자유', 개인의 '양심의 자유', 언론·정당의 '사상의 자유'는 모두 표현의 자유로 구현됩니다.

> 연방의회는 국교를 정하거나 또는 자유로운 신앙 행위를 금지하는 법률을 제정할 수 없다. 또한 언론, 출판의 자유나 국민이 평화로이 집회할 권리 및 고충의 구제를 위하여 정부에 청원할 수 있는 국민의 권리를 제한하는 법률을 제정할 수 없다.
>
> — 수정 헌법 제1조(종교, 언론, 출판, 집회의 자유 및 청원의 권리)

그래서 민주국가에선 표현의 자유를 헌법으로 보장합니다. 세계에서 표현의 자유를 가장 적극적이고 광범위하게 인정하는 헌법으로는 미국 헌법을 들 수 있죠. 미국은 헌법을 개정할 때 우리나라처럼 아예 바꾸는 게 아니라 기존 헌법의 조문을 그대로 두고, 새로운 조항을 추가해요. 이를 '수정 헌법'이라 부르는데, 수정 헌법 제1조가 바로 표현의 자유를 담고 있습니다.

요약하자면 미국 연방의회는 모든 영역에서 표현의 자유를 제약하는 그 어떠한 법도 새로 만들 수 없다고 못 박아 둔 거예요. 우리나라 헌법 역시 '양심의 자유'(제19조)와 '언론·출판과 집회·결사의 자유'(제21조), '학문과 예술의 자유'(제22조)를 보장하는 조항을 중요하게 포함하죠.

나라에 따라 차이는 있지만, 모든 민주주의국가는 표현의 자유를 보장하는 것을 원칙으로 삼습니다. 한편 일부 집단이 독재적인 힘으로 국민과 의회를 무시하고 지배권을 행사하는 '권위주의 국가'에선 사상과 언론, 예술, 정치적 활동, 종교, 학문을 통제해요.

'권위주의 정부'의 성격이 짙었던 과거 우리나라 군사독재 정권도 언론과 정치적 활동뿐만 아니라 예술 분야까지 통제했어요. 지금이라면 상상도 안 되겠지만, 정부 당국에 의해 가요의 가사가 바뀌거나 영화 내용 일부분이 삭제된 채 개봉하는 일이 적잖았죠. 어떤 노래나 영화는 만들어 놓고도 발표조차 못 했습니다. 정부의 기준에 맞지 않는 작품을 만들었다고 해서 처벌받는 일도 있었어요. 때로는 예술가들이 정부 정책을 홍보하는 작품을 강제로 만들어야 했고요.

예술 작품을 정부 기관이 심사해 사전에 발표를 막거나 사후에 간섭·처벌하는 것을 '검열'이라 부르는데, 우리나라에서도 검열이 오랫동안 행해졌습니다. 검열을 담당하는 기관이 따로 존재해 가요와 공연, 문학, 연극, 영화 등 모든 예술 분야의 작품을 미리 들여다봤죠. 사전 검열이 완전히 없어진 건 1990년대 후반이에요. 그래서 이때부터 소재가 다양해진 드라마와 영화가 쏟아졌고, 자유롭게 창작된 가요·공연·음반이 제작됐답니다. 이렇게 탄생한 작품들을 바탕으로 2000년대 초반부터 '한류 열풍'이 형성됐으며, 지금과 같은 K-컬처의 전성시대로 이어진 것이죠.

현재도 세계의 적잖은 국가에서 검열제도를 시행하고, 정부가 예술의 창작과 표현에 개입해요. 북한과 중국, 러시아 등 권위주의 체제를 고수하는 나라들이 대표적입니다. 그렇게 문화와 예술을 검열하는 까닭은, 비판과 풍자를 막아 개인의 사상은 물론 일상까지 통제하고 권력을 유지하기 위해서랍니다.

지원하되 간섭하지 않는다

예술가로선 다른 누군가의 강제나 방해 없이 자기 뜻과 생각을 마음껏 작품으로 만들 수 있는 자유가 곧 표현의 자유예요. 이를 보장하기 위해 권력기관이나 정치인은 예술가가 창작 활동을 하는 데 이래라저래라 해선 절대 안 되겠죠.

그런데 표현의 자유를 위한 국가나 정부의 역할이 '간섭하지 않는다'는 소극적 차원에만 그쳐선 매우 곤란해요. 우리 사회에서 다채로운 문화와 사상이 꽃피려면 더욱 많은 예술가가 더 쉽게 창작 활동에 나서고, 이를 더 많은 사람이 즐길 수 있어야 합니다. 그렇게 되도록 국가는 예술 인재의 발굴과 교육은 물론이고, 예술가의 다양한 창작 활동 및 작품 소개와 보급을 재정적·제도적으로 지원해야 하죠. 이 역시 넓은 의미에서 국민의 '표현의 자유'를 증진하는

국가의 역할이자 의무입니다. 그래서 문화·예술에 대한 정부의 역할 방향을 한마디로 '지원하되 간섭하지 않는다'고 표현한답니다.

정치는 개개인과 다양한 집단이 지닌 요구와 의견을 대표하고, 서로 다른 이해가 충돌할 때 갈등을 조절합니다. 이를 위해 정치는 국가나 사회가 가진 유무형의 자원을 배분하는 원리를 정하며 그것을 법과 제도, 정책에 따라 실행하죠. 따라서 창작의 자유를 보장하고 예술계를 지원하는 일은 정치의 중요한 과제 가운데 하나예요.

다양성을 위한 노력

우리 정부는 사회 다양성을 보호하고 증대하기 위해 문화·예술계에 각종 지원을 하고 있습니다. 민주주의는 여러 사회 구성원의 각기 다른 요구와 이해를 담아내는 정치제도입니다. 모름지기 민주주의 사회라면 문화와 예술 영역에서도 창작자와 감상자의 다양한 감성과 사상, 취향이 작품으로 구현될 수 있어야 해요.

예술은 계층, 성별, 세대, 인종, 종교, 지역 등 다양한 개인과 집단에 의해 창작되고 향유됩니다. 따라서 예술 작품에 어떤 사상이 담겨야 하는지, 어떤 표현 방식과 스타일이 좋은지에 대한 각자의 생각이나 취향은 모두 다 다르죠.

누구는 청년 세대의 현실과 욕망을 노래한 힙합을 즐기고, 누구는 삶의 비극과 환희를 완벽한 화성으로 표현한 클래식 음악을 좋아해요. 어떤 이는 통쾌한 액션 영화를 선호하며, 어떤 이는 진지한 다큐멘터리를 원합니다. 권선징악과 해피 엔딩의 드라마를 바라는 사람이 있는가 하면, 신랄한 풍자극과 아름다운 비극을 보고 싶어 하는 사람도 존재하죠. 기상천외한 판타지를 원하는 사람도, 사회 부조리를 고발하는 작품을 최고로 치는 사람도 있어요.

과거 역사를 돌이켜 보면 예술은 다양성 속에서 발전한다는 사실을 알 수 있습니다. 서구에서 문학과 미술, 음악의 유행 사조가 르네상스 → 바로크 → 고전주의 → 낭만주의 등으로 끊임없이 변화했듯 말이죠. 우리 전통 예술을 봐도 어떤 시대엔 귀족적인 화려함이 주목받았고, 서민 적인 소박함이 무르익을 때도 있었어요. 불교 미술이 꽃필 때도, 선비 문화가 절정에 달할 때도 있었고요.

그런데 만일 정부가 '간섭하지 않는다'는 이유로 문화·예술을 그대로 놔두기만 한다면 창작 활동이 인기 많은 분야와 장르, 스타일에 편향될 수 있습니다. 계층, 성별, 세대, 인종, 종교, 지역 등에서 소수인 이들의 문화·예술은 변두리로 밀려 소멸해 버릴 수 있죠. 유행의 파도에 밀려서 전통은 잊힐 수도 있고요. 왜냐하면 오늘날에는 문화·예술이 급속도로 거대하게 산업화됐기 때문입니다. 극장과 라디오, TV에 이어서 케이블 네트워크, 인터넷, 모바일, OTT 서비스

같은 첨단 미디어의 잇따른 출현에 힘입어 공연과 방송, 영화, 음반, 전시 등은 기업이 주도하는 큰 시장이 됐죠. 문화·예술의 전 분야에서 시장 논리와 자본 지배력이 강해진 거예요.

그래서 이대로만 놔둔다면 예술의 다양성은 극히 제한될 수밖에 없습니다. 대중의 인기를 끌 수 있는 것, 즉 '돈 되는' 작품만 창작될 테니까요. 드라마나 영화, 음악을 제작하는 회사는 '이윤'을 목적으로 하기에 당장 시청자와 관객 등 소비자가 적은 작품엔 큰 자본을 투자하지 않으려고 합니다. 또 이들 회사는 기존에 성공한 감독이나 가수, 배우를 선호하죠. 그렇게 되면 새로운 내용과 소재, 표현 양식의 작품도 새로운 예술가도 나오기 힘들어져요. 새로움에 도전하지 않는 예술 창작은 이미 생명을 잃어버린 것과 마찬가지입니다.

이런 상황이 계속된다면 유구하게 이어져 내려온 인류 문화유산의 명맥도 끊겨 버릴 우려가 커요. 유무형의 전통 유산을 보호하고 계승하는 일은 누군가가 직접적인 이익을 얻거나 대규모의 이윤을 낳을 수 있는 산업이 되기 어려우므로, 정부가 나서서 공공의 자원을 투입해야 하죠. 전통 유산의 계승과 발전은 오늘날 새로운 예술의 토대가 되기도 하니까요. 결국 국가의 문화·예술 지원은 자본주의사회에서 민간 제작사에 의해 만들어지기 어려운 작품이나, 상업적인 성공을 거두기 힘든 순수·전통 예술 분야에 우선적으로 이뤄지곤 해요.

K-컬처를 세계로

　정치와 국가는 자국 문화·예술의 국제적 보급을 위한 지원에도 힘을 쏟아야 합니다. 그 역시 세계적·인류적 차원에서 '문화·예술의 다양성'을 위한 노력이라고 볼 수 있죠. 왜냐하면 한 민족이나 나라의 문화·예술은 거대하고 다양한 인류 자산의 일부이기 때문이에요. 따라서 정부는 나라 안에선 자국 문화·예술 작품을 보호하고, 밖으로는 해외 진출과 보급을 지원하는 정책을 폅니다.

　한 나라 안에서 자국 작품과 창작가를 보호하려는 노력의 대표적인 예로는 영화계의 '스크린쿼터 제도'(screen quota system)를 들 수 있어요. 스크린쿼터란 각 극장이 지켜야 할 자국산 영화의 의무 상영일수로, 우리나라와 프랑스 등 많은 나라에서 시행하는 제도죠. 각 극장은 1년 가운데 일정한 기간에 자국에서 만든 영화를 반드시 상영해야 합니다.

　이와 함께 우리나라 정부는 한국 영화를 더 많은 세계인이 볼 수 있도록 해외 진출 지원도 계속하고 있습니다. 각종 국제영화제에 출품하고, 현지에서 개봉하는 데 인적·재정적 지원이 이뤄지고 있죠. 그처럼 자국 작품과 창작가를 보호하고 해외 진출과 국제적 보급을 지원하는 일은 영화뿐 아니라 미술, 음악, 출판 등 거의 모든 분야에서 활발히 펼쳐져요.

현재 활발히 창작되는 동시대 문화·예술뿐 아니라, 과거로부터 내려온 전통문화를 계승·보존하고 발전·혁신시키는 일도 세계적 차원의 예술 다양성을 위해 필요한 노력입니다. 이는 국가 차원을 넘어 국제사회의 노력으로도 나타나는데 유엔교육과학문화기구, 즉 유네스코(UNESCO)의 활동이 대표적이죠. 유네스코는 세계 여러 나라와 민족이 지닌 유무형의 문화유산을 보존하려는 국제적 노력을 기울이고 있어요.

문화·예술은 오늘날 점점 더 거대한 부를 낳는 산업이 되어 가고 있습니다. 또 세계 각국의 치열한 경쟁이 이뤄지는 분야 중 하나죠. 예술 진흥을 위해 국가적으로 지원하는 일은 예술 다양성을 도모하려는 것임은 물론, 지금 시대에는 경제적 목적 때문이기도 합니다. 문화·예술의 세계적 성공은 콘텐츠 판매로 벌어들이는 수익 증대로도 나타나지만, 국가 브랜드의 향상과 부가 산업의 발달로도 이어지거든요. 자국 콘텐츠가 세계에서 인정받으면 국가 위상이 높아지고 관광이나 음식, 패션 등의 산업 발달도 함께 이뤄지죠.

2022년엔 18세의 피아니스트 임윤찬이 세계적인 밴 클라이번 콩쿠르에서 역대 최연소로 우승했어요. 클래식 음악계에서도 세계적인 한국인 스타가 꾸준히 등장하고 있으며, 뮤지컬이나 발레 등의 공연계에서도 성공 사례가 들려옵니다. 우리 문화의 활약이 대중문화뿐 아니라 순수예술 분야에서도 이어지며 K-컬처의 위상은 날로 높아지고 있죠. 그건 민주주의의 발전과 함께 성취한 표현의 자유, 예술의 다양성을 위한 국가적 지원, 한국 문화의 해외 진출과 세계화를 위한 각계의 노력이 어우러진 빛나는 결과예요. 우리는 앞으로도 정부가 '지원하되 간섭하지 않는다'는 원칙을 지켜 나가는지 정치를 잘 감시해야 합니다.

젠더 갈등, 멈춰!

　남자라서, 혹은 여자라서 불편을 겪거나 부당하게 대우받는다고 생각한 적이 있나요? 여자이기 때문에, 남자이기 때문에 편하고 유리한 입장이라 느낀 적 있나요? 남자라는 이유로, 여자라는 이유로 하고픈 일을 못 하거나 하기 싫은 일을 해야만 하는 때가 있었나요? 앞으로 진학하거나 취업하거나 결혼할 때 여러분이 여자로서, 남자로서 특별히 겪게 될 어려움을 생각해 본 적 있나요?

　최근 우리 사회에서 남녀 갈등이 심해졌다는 얘기가 자주 들려옵니다. 특히 20·30대 젊은 남녀 사이에서 그렇다고 하죠. 이는 한국 사회에서 살아가며 특정한 성(性)에 대한 불공정·불이익을 느끼는 청년이 많다는 얘기일 겁니다. 그런 시각이 서로를 향한 대결 의식과 경쟁 심리, 더 나아가 반감과 적대감으로 나타나는 것이겠고요.

우리나라에서 남녀 갈등은 비교적 최근에 떠오른 사회문제예요. 한국 사회의 고질적 문제라면 일반적으로 계층 간, 세대 간, 지역 간 갈등이 꼽혀 왔거든요. 이는 해방과 전쟁을 거치며 경제 발전을 이루는 과정에서 나타난 빈부 격차나 지역 불균형에 따른 것이었죠. 전통 사회에서 현대사회로, 권위주의 사회에서 민주주의 사회로 이행하며 불거진 기성세대와 청년 세대의 갈등 역시 우리 공동체가 지난 수십 년간 자연스레 받아들이고 해결을 모색해 온 문제입니다. 그러나 남녀 갈등은 최근 몇 년 사이에 두드러진 현상으로, 우리가 아직 진지하게 해결책을 논의해 보지 못한 문제죠.

남녀 갈등은 2022년 3월 9일에 치러진 대선에서도 뚜렷이 확인됐습니다. 각 후보의 정책을 놓고 젊은 남녀 유권자 사이에서 성별로 찬반이 크게 갈리거나 논란이 된 문제가 적잖았어요. 군 복무 제도나 여성가족부의 기능, 남녀 고용 평등 정책, 성폭력 방지 대책 등을 두고 젊은 남녀 유권자는 의견 차이를 보이며 대립했답니다.

이는 선거 결과에도 그대로 반영됐어요. 20·30대에서 여성 유권자가 제일 많이 지지한 후보와 남성 유권자가 가장 많은 표를 던진 후보가 갈렸죠. 심지어 후보별 남녀 간 표수의 차이도 컸고요. 다른 세대에서는 남녀 간 투표 성향의 차이가 크게 두드러지진 않았는데 말이에요. 청년 남녀 간 정치의식의 차이는 이전 대선에선 찾아볼 수 없던 현상입니다. 지난 대선은 남녀 갈등이 더는 미뤄 둘 수 없는 우리 사회의 시급한 해결 과제임을 아주 잘 보여 줬죠. 특히 젊은 세대가 더 크게 겪고 있는 갈등이라는 점에서 우리나라의 미래를 위해서도 중요한 문제라는 사실을 일깨웠습니다.

갈등이 존재하는 곳에 늘 정치가 있게 마련이에요. 정치가 개개인과 다양한 집단의 사회 갈등을 조정하는 역할을 맡기 때문이죠. 우리 사회에서 남녀 갈등이 나타난 이유와 해결 방법에 대해 함께 생각해 볼까요?

젠더와 성차, 성차별

요즘엔 남녀 갈등을 보통 '젠더 갈등'으로 부르곤 해요. 젠더 (gender)는 문화적·사회적 의미의 성을 가리키는 말이죠. 한편 생물학적인 성은 섹스(sex)라 하고요. 즉 섹스는 신체 구조나 성염색체, 유전자, 호르몬 등의 차이로 남녀를 구분하는 것이지만 젠더는 사회적으로 형성된 여성 또는 남성의 정체성을 뜻합니다.

거기서 중요한 건 섹스는 타고나는 데 비해, 젠더는 사회적으로 길러지는 것이라는 사실입니다. 전자는 선천적으로 결정·정의되고

후자는 후천적으로 습득·구성된다는 말이죠. 다시 말해 젠더는 사회적으로 규정되거나 자기 스스로 의식화한 성 정체성을 가리키는 말이에요. 일반적으로 이를 성별로 구분해서 '남성성' 혹은 '여성성'이라고도 부릅니다. 여성 또는 남성으로서 사고하는 방식과 행동하는 양식, 성 역할에 대한 개념을 포괄하는 개념이죠.

남성성·여성성은 개개인이 어떤 경험과 학습을 하느냐에 따라, 어떤 문화적·사회적 환경에서 성장하고 살아가느냐에 따라 달라집니다. 예를 들어 조선 시대에 태어난 사람과 21세기 대한민국에서 나고 자란 사람은 남녀의 특성과 역할을 둘러싼 사고방식이 전혀 다를 거예요.

문화적·사회적으로 형성된 정체성이든 생물학적 특성이든, 여성과 남성은 분명히 다릅니다. 개인에 따라 정도는 다르겠지만, 남녀 사이에 구분되는 선호·정서·취향·행동·흥미가 있다는 의미죠. 그것을 성별로 각각 다르게 나타나는 차이(差異), '성차'(性差)라고 해요.

지금은 많은 사람이 성차를 인정합니다. 하지만 중요한 건 차이와 차별(差別)은 다르다는 점이에요. 성차를 이유로 해서 특정 성을 '구별'해 기회와 역할을 제한해선 안 되죠. 남녀 간의 차이를 남녀 간 우열로 규정하고 이를 근거로 들며 권리와 의무를 차등화하는 게 바로 '성차별'(性差別)입니다. 현대 민주주의 사회에선 성차별을 없애고 성 평등을 실현하는 것을 중요한 목표의 하나로 여겨요.

성 평등과 여성 인권 신장

지금까지 역사상에 성차별이나 성 불평등이 존재했을까요? 관습이나 법과 제도상 여자이기 때문에, 또는 남자이기 때문에 더 불리한 점이 있었을까요?

'그렇다'는 게 현대 민주주의 사회의 보편적인 인식입니다. 특히 '여성이 차별받아 왔다'는 게 인류 공통의 합의죠. 실제 세계사를 돌이켜 보면 여성의 참정권은 남성보다 한참 뒤에 보장됐으며, 가정과 사회에서 여성의 역할과 권리도 비교적 최근에 와서야 급속한 신장을 이룰 수 있었고, 아직도 사회 각 분야에는 여성 차별이 존재해요. 이에 많은 나라가 성 평등 발전과 여성 인권 신장을 국가의 의무로 규정하며, 그 실현을 위해 갖은 노력을 기울이고 있습니다.

우리 헌법도 이 점을 명시합니다. 헌법 제11조 제1항은 "모든 국민은 법 앞에 평등하다. 누구든지 성별·종교 또는 사회적 신분에 의하여 정치적·경제적·사회적·문화적 생활의 모든 영역에 있어서 차별을 받지 아니한다."라고 되어 있죠. 가장 중요한 헌법 가치 가운데 하나인 '법 앞의 평등'을 규정한 조문 첫머리에 '성 평등'을 언급한 거예요.

한편 근로의 권리를 다룬 헌법 제32조 제4항에선 "여자의 근로는 특별한 보호를 받으며, 고용·임금 및 근로조건에 있어서 부당한 차별을 받지 아니한다."라고 명시합니다. 국민의 인간다운 생활을 위한 국가의 역할을 규정한 제34조 제3항은 "국가는 여자의 복지와 권익의 향상을 위하여 노력하여야 한다."라고 명시하죠. 가족생활에 대한 국가의 역할을 말한 제36조는 "혼인과 가족생활은 개인의 존엄과 양성의 평등을 기초로 성립되고 유지되어야 하며, 국가는 이를 보장한다."(제1항), "국가는 모성의 보호를 위하여 노력하여야 한다."(제2항)라고 강조하고요. 요컨대 우리나라 헌법은 '성 평등'을 가족, 경제, 복지 등 국가와 사회의 모든 분야에서 가장 중요한 가치의 하나로 규정하고 이를 위해 노력하는 것을 국가의 의무로 천명한 셈입니다.

그 점은 세계적으로도 마찬가지예요. 주요 국제기구는 각국의 성차별과 성 평등 수준을 감시하고 평가해 매년 각종 자료를 발표합니다. 유엔개발계획(UNDP)은 '여성 경제활동 참가율', '여성의 고졸 이상 교육 비율', '여성 국회의원 비율', '출산 환경' 등을 기준으로 나라별 '성 불평등 지수'를 매기죠. 세계경제포럼(WEF)은 '경제활동 참가율과 임금', '문해력과 취학률', '국회의원 및 장관 비율', '출생률과 기대 수명' 등에서 남녀 차이 수준을 평가하는 '성 격차 지수'를 작성하고요.

또 영국의 시사 주간지 《이코노미스트》*The Economist*에서 발표하는 '유리 천장 지수'도 있어요. '유리 천장'은 기업이나 국가기관 등의 조직에서 여성의 고위직 승진을 가로막는 '보이지 않는 장벽'을 뜻하는 말로, 경제활동과 직업에서 여성이 받는 구조적 차별을 비유적으로 이르는 용어예요. 유리 천장 지수는 고위직 여성 비율, 남녀 고등교육 격차, 여성의 노동 참여율, 육아 비용, 남녀 육아휴직 현황 등을 기준으로 수치화되죠.

남자가 살기 힘든 세상?

성 평등을 위한 국가의 의무를 규정한 우리나라 헌법과 세계 각국의 성 평등 정도를 평가하는 기준을 살펴보면, 가정·경제·정치 등 크게 세 가지 분야에서 여성의 권리를 신장하는 일이 중요하게 꼽힌다는 사실을 알 수 있습니다. 예컨대 현재 얼마나 많은 여성이 고위 관료와 기업 임원 등 정치·경제 분야에서 지도적 역할을 맡고 있는지, 교육이나 취업·승진에서 남성과 똑같은 기회를 보장받는지, 결혼과 출산·육아 등에서 일방적으로 부담을 짊어지고 있진 않은지가 그 척도입니다.

세계 주요 선진국 및 민주주의국가들과 마찬가지로, 우리나라에서도 국가와 사회 각 분야의 기관이 성 평등과 여성 인권 신장을 위한 노력을 해 왔어요. 이런 노력으로 여성의 사회 진출이 늘었으며,

각 분야 고위직에서 활약하는 여성도 많아졌죠. 여성의 학력이나 임금수준도 과거와는 비할 바 없이 높아졌고요. 과거엔 여성만의 책무로 여겨지던 가사 노동이나 육아에 대한 인식도 많이 개선돼 이젠 남성과 균등히 책임을 부담하고 사회적으로 지원해야 한다는 생각이 보편화했답니다.

그러나 사회 구석구석엔 여성에 대한 불평등과 차별이 여전히 존재하는 것 또한 사실이에요. 국회의원과 장관, 시장과 도지사 등 고위 공무원 가운데 여성의 숫자는 남성에 비해 크게 적죠. 직장에선 똑같은 능력을 지녔는데도 여성에겐 덜 중요한 일을 맡기거나, 같은 종류의 일을 해도 여성이 남성보다 더 적은 임금을 받는 사례가 적잖습니다. 또 출산과 육아, 가사 노동을 위해 직업을 중도에 그만두는 이들은 대부분 여성입니다. 그러다 보니 기업에서도 높은 자리는 대개 남성이 차지하고 있어요.

새로이 불거진 젠더 갈등의 배경에는 이런 사회적 변화와 분위기가 있습니다. 성 평등 정책과 여권(女權)의 발전으로 여성의 사회 진출이 확대되자, 남성 집단에선 '이제 우리가 역차별받고 있다'는 주장이 나온 것이죠. 반대로 여성 집단에선 '무슨 소리냐, 아직도 성 불평등 세상'이라는 반론이 제기됐고요. 왜 남자들은 살기 힘든 세상이 됐다고 말하고, 여자들은 여전히 차별받는 사회라고 성토하는 걸까요? 진짜 문제는 무엇일까요?

정치를 잘해야 성 평등도 가능해

여권 신장을 위한 국가정책 수립과 사회 각 분야의 노력, 여성의 사회 진출 확대는 하루 이틀 만에 이뤄진 게 아닙니다. 가깝게 보면 수십 년, 멀리 보면 100여 년 이상 우리나라의 근대화 역사와 함께 진행된 것이죠. 그러는 동안 남성 집단의 반발이 없지도 않았고요.

하지만 과거와 최근의 남녀 갈등 양상은 다릅니다. 과거엔 주로 '남자는 이런 일을 해야 하고 여자는 저런 일을 해야 한다', '남자는 이렇게 행동해야 하며 여자는 저렇게 행동해야 한다'는 성 역할의 구분에서 오는 사상적·이념적 대립이 많았죠. 근대적인 남녀평등 사상과 유교적인 가부장 사상이 부딪친 거예요.

그러나 성 평등 사상이 보편화된 요즘엔 여자와 남자의 행동거지가 달라야 한다거나, 여성은 살림하고 남자는 생계를 책임져야 한다거나, 남녀의 직업이 따로 있다는 주장을 대놓고 펼치는 사람은 많지 않습니다. 최근의 남녀 갈등은 주로 결혼·출산·육아에서 '균등한 책임 배분', 법과 제도상의 '형평성', 학업·진학·취업에서 '공정한 경쟁 기준' 등을 두고 일어나죠. 과거와 현재의 갈등 양상이 변한 건 무엇 때문일까요?

우선 과거와는 달리 결혼, 교육, 취업 등에서 경쟁이 격화되고 성취의 어려움은 더 커졌다는 데서 중요한 이유를 찾을 수 있습니다.

달리 말하면 많은 사람이 더 좋은 결혼 상대, 더 나은 학교, 더 괜찮은 직장을 찾으려 하지만 모든 이가 원하는 자리와 지위는 갈수록 제한되고 있다는 겁니다. 그 말인즉 우리 사회에서 한 사람이 결혼할 기회, 교육받을 기회, 일할 기회, 출산할 기회가 줄어들었다는 의미예요.

가령 과거 경제성장률이 높던 시대에는 새로운 일자리가 계속 늘어나, 자연스레 직업을 갖는 여성도 점점 더 많아졌습니다. 남성의 일자리가 줄지 않고도 여성의 취업이 늘어났다는 말이죠. 하지만 경제성장률이 둔화해 경기가 침체한 지금은, 한정된 취업 기회를 놓고 더 많은 사람이 치열히 경쟁해야 해요. 이 과정에서 남녀 간 경쟁 역시 심해졌습니다. 남성으로서는 여성 취업자 증가가 자신들의 취업 기회 축소로 여겨지게 된 것이죠. 게다가 가사 분담이나 결혼, 출산, 육아, 주택 마련 등도 예전보다 까다로워졌으니 가정에서 여성과 남성의 역할을 두고 갈등이 커졌어요.

사회는 변화했는데, 몇십 년 전에 만들어져서 유지돼 온 낡은 법과 제도 또한 문제입니다. 여전히 사회 곳곳에 남은 오래된 관행은 새로이 조성된 사회 환경 및 바뀐 인식과 불일치하며 갈등의 불씨가 되고 있죠.

예컨대 남자에게만 병역의무를 지운 현행 헌법은 수십 년 전에 만들어진 겁니다. 이 때문에 선거철만 되면 병역제도 개편에 관한 정치인들의 공약과 남성 유권자들의 요구가 많아져요. 사회가 바뀌었다는데 남자들만 군대에 가는 게 불공정하다는 것이죠. 한편 여자들의 능력과 성 평등 인식 수준이 높아졌는데, 남녀 고용률 차이와 직장 내 성차별은 여전합니다. 자녀 교육이나 집안일의 부담 또한 여성에게 편중돼 있고요. 성폭력에 대한 인식과 제도가 시대에 뒤떨어진 것도 사실입니다.

그러나 이는 남녀가 대결하며 싸운다고 해서 풀릴 문제가 아니랍니다. 남성 탓에 여성이 더 어려워진 것도, 여성 때문에 남성이 더 힘들어진 것도 아니죠. 젠더 갈등의 진짜 원인은 남녀 서로에게 있는 것이 아니라 경제난에 따른 경쟁의 심화, 그리고 사회 변화에 발맞추지 못한 법과 제도 등에 있어요.

이것이야말로 정치의 역할이 필요한 이유입니다. 경제 위기를 극복하고 성장을 이뤄 내어 교육과 취업의 기회를 늘리는 건 정부와 정치권의 의무죠. 청년 세대에게 경제적 지원을 강화해 취업, 결혼, 출산, 육아, 주택 마련 등을 할 수 있도록 도와주는 것 역시 마찬가지예요. 정부와 정치권은 여성이 직업을 갖거나 출산한 뒤 직장에 복귀하는 데 어려움을 겪지 않도록 살피고, 남성이 병역의무를 다하느라 불이익을 감수하지 않게끔 노력해야 합니다.

사회 변화와 성 평등 진전에 발맞춰 기존 법과 제도도 새로이 바뀌어야 해요. 그건 법을 고치는 국회의원과 정책을 시행하는 정부의

임무죠. 법과 제도를 정비하고, 경제적·정치적 기회를 더욱 늘려서 남녀 모두에게 공정히 자원이 배분되도록 하는 것이 바로 정치의 역할입니다.

젠더 갈등은 단순히 남녀 사이의 문제만이 아니에요. 우리 사회가 당면한 가장 큰 문제 가운데 하나인 '저출산 고령화'를 해결하기 위해 꼭 풀어야 할 선결 과제이니까요. 남녀 모두 인정할 만한 '공정한 환경'에서 충분히 균등한 기회를 누려야만, 교육받고 취업하고 결혼해서 마음 놓고 출산하고 육아할 수 있을 테죠. 한마디로 결국 정치를 잘해야 성 평등도 가능하고, 정치를 잘해야 서로 사랑할 수 있다는 얘기예요.

청년의 눈으로 보세요

지난 대통령 선거에 나온 주요 후보의 출마 선언문엔 '청년'이 빠지지 않았습니다. 우리나라의 가장 큰 정치 행사인 대선에서 청년 문제가 국가 중대사의 하나로 꼽힌 것이죠.

정부 부채 급등으로 변변한 일자리도 찾지 못한 청년 세대들이 엄청난 미래 부채를 떠안았습니다. 청년들이 겨우 일자리를 구해도 폭등하는 집값을 바라보며 한숨만 쉬고 있습니다. 청년들의 좌절은 대한민국을 인구 절벽으로 몰아가고 있습니다.

— 윤석열, 「정권 교체, 반드시 해내야 합니다」, 2021년 6월 29일

우리 기성세대는 현실은 척박해도 도전할 기회가 있고, 내일은 더 나을 것이라 믿어지는 세상을 살았습니다. 그러나 오늘날 대한민국 국민의 삶은 위기를 맞고 있습니다. 취약 계층이 되어 버린 청년 세대의 절망이 우리를 아프게 합니다. 국민의 위기는 곧 국가의 위기입니다.

— 이재명, 「새로운 대한민국! 이재명은 합니다!」, 2021년 7월 1일

국가와 민족이라는 거대 담론 속에 개인의 존엄과 다양성이 무시됐던 시대는 20세기에 진즉 끝났어야 합니다. 태어날 때부터 선진국의 시민으로 태어난 우리 청년들은 나의 존엄이 존중되고 개성과 잠재력을 발휘할 수 있는 다원화된 사회를 요구하고 있습니다.

— 심상정, 「대권보다 시민권이 강한 나라 만들겠습니다」, 2021년 9월 28일

실제로 요 몇 년간 우리 사회에서 청년 문제에 관한 이야기가 부쩍 많아졌어요. 정부 정책에서도 청년이 차지하는 비중이 높아지고 있습니다. 대통령을 보좌하는 관료 가운데 청년 담당이 따로 있고, 각 행정 부처에선 청년 정책을 개발·시행하는 조직을 별도로 마련했죠. 정당 또한 청년들을 위한 단체를 갖췄어요. 이는 모두 젊은이의 목소리를 듣고, 그들의 정치 참여를 확대하기 위해서입니다.

앞서 정치의 가장 중요한 역할은 사회의 복잡한 이해 갈등을 조정하며, 유무형의 경제적·사회적·정치적 자원을 합리적으로 나누는

데 있다고 말했습니다. 이를 통해 먹고사는 문제를 해결하고 인권과 문화 향유의 기회를 보장해서 국민이 더 높은 삶의 질을 누리도록 하는 게 정치의 목적이에요. 그런데 많은 국민 가운데 유독 청년의 문제가 '지금 정치가 해결해야 할 급선무'가 된 까닭은 무엇일까요?

청년, 사회적 약자가 되다

정부가 청년 문제에 대해 특별한 대책을 마련하고, 각 정당이 청년의 목소리를 더 귀담아듣겠다고 나선 밑바탕엔 '이 시대를 살아가는 젊은이들은 사회적 약자'라는 인식이 깔려 있어요. 지난 대통령 선거 출마 선언문에 나타난 '취약 계층'이라는 표현도 그런 시각의 연장선에 있죠.

『표준국어대사전』에 따르면 '취약하다'는 "무르고 약하다"는 뜻으로 취약 계층은 특히 소득과 자산, 직업 등 경제적 능력이 부족한 계층을 이릅니다. 과거보다 청년의 처지가 더 나빠지고 취약해졌다, 청년 세대가 경제적·정치적 권리로부터 점점 더 소외돼 간다는 것이 오늘날 우리 사회가 진단한 현실이에요. 실제로 주위를 둘러보고 언론 보도를 봐도 우리 사회에서 청년의 삶이 얼마나 팍팍해졌는지 금세 알 수 있습니다.

그 가운데서도 청년 세대가 가장 큰 어려움을 느끼고, 또 인생에서 가장 중요히 생각하는 건 취업입니다. 20대 전후의 청년기는 학교에서 사회로 삶의 무대를 전환하는 시기죠. 학교에서 배운 바를 바탕으로 사회에 이바지하고 자아를 실현할 직업을 선택하는 때이니까요. 하지만 청년 각자가 원하는, 재능과 적성에 맞는 일자리를 찾기란 점점 힘들어지고 있습니다. 많은 이가 더 높은 지위, 더 많은 임금, 더 좋은 혜택의 직업군을 선망하지만 그런 일자리는 한정돼 있기 때문이죠.

지금 청년 취업 문제가 더 심각해진 이유는 무엇일까요? 이는 경제성장 속도가 과거보다 훨씬 느려진 탓입니다. 경제성장은 한 나라의 생산능력이 늘어나 규모가 커진다는 의미죠. 곧 일자리가 계속 생긴다는 뜻이에요. 경제성장 속도는 후진국에서 선진국으로 한창 도약하는 나라(개발도상국)에서 가장 빠릅니다. 그러다가 선진국의 경제 규모에 이르면 성장 속도가 느려지고요. 우리나라가 바로 이렇습니다. 과거엔 일자리 증가 속도가 취업을 원하는 청년 세대의 수를 앞질렀으나, 현재는 반대죠. 게다가 기술혁신으로 없어지는 직업도 빠르게 늘고 있어요.

과거에 비해 직업군 간 임금격차가 커지고 있다는 점도 청년 세대의 취업 경쟁을 더 부추기고, 취업난을 키우는 원인입니다. 물론 예전에도 직종별·지위별 임금격차가 존재했지만 오늘날처럼 크진 않았습니다. 현재는 어떤 일에 종사하느냐에 따라, 같은 기업에서도 어떤 지위에 있느냐에 따라 임금이 수십, 수백, 수천 배까지 차이가 나죠. 이는 빠른 기술 발전과 급속한 산업구조 변화가 몰고 온 격차예요. 현재 금융, 법률, 의료, 정보 통신 등 일부 특정 분야의 경영자나 전문 기술인들은 엄청난 연봉을 받습니다. 그러나 건설, 서비스, 운송, 제조, 판매 등의 분야에선 일반 근로자의 임금이 더 낮아지고 고용도 불안정해져 가죠.

이러다 보니 청년 세대가 희망하는 직업이 특정 분야에 몰리게 마련이고, 그런 현상은 교육 경쟁을 더욱 심각하게 만들어요. 다수가 선호하는 특정 학교, 특정 전공 학과에 들어가기 위해, 보내기 위해 학생과 학부모는 더 많은 교육비를 써야 하는 상황입니다.

현재 학생과 학부모는 대학 학자금은 물론이고 각종 교육 훈련에 드는 비용을 과거보다 더 많이 감당해야 합니다. 이렇게 열심히 공부하고 뒷바라지해도 좋은 일자리에 취업하는 사람은 소수죠. 많은 청년이 '알바'라 불리는 임시 고용직이나 비정규직 일자리에 만족해야 하는 게 엄연한 현실이에요. 안정된 직업을 구한다고 해도 회사에서 임금은 가장 적습니다. 턱없이 오른 주택 가격 때문에 내 집 마련은 꿈도 못 꾸죠. 결혼과 출산은 기약 없이 미뤄 둘 수밖에 없어요.

경제적으로 가장 어려움을 겪는 세대이지만, 젊은이들은 자기 권리를 주장하기 힘듭니다. 가성, 학교, 회사, 국가 어디서든 의사 결정

과정에 제대로 참여할 수 없기 때문이죠. 교육받는 사람은 청년층인데 정작 교육정책에 참여하기는 극히 어려워요. 대다수는 이미 만들어 놓은 교육제도를 그대로 따르는 수밖에 없습니다. 회사에서는 가장 말단의 지위에 있으므로, 어렵사리 얻은 일자리를 잃을까 봐 제대로 된 개선 요구를 꺼내기 힘들죠. 임금, 복지, 결혼, 주택, 출산 관련 정책도 기성세대가 중심이 되어 결정해 버리고요.

우리 사회의 다수이자 기득권층인 기성세대가 주도하는 정치에서 청년이 소외당하는 겁니다. 최근 들어 젊은 정치인이 주목받고, 피선거권과 정당 가입 연령을 낮추자는 요구가 터져 나오는 까닭도 이런 현실에 대한 반발 때문이죠.

세대 갈등, 과거와 미래의 '자원 배분'

청년층에게 가중되는 경제적 부담과 정치적 권리로부터 소외되는 현실은 세대 갈등으로 이어져요. 2019년 11월 뉴질랜드와 미국에선 태평양을 사이에 두고 청년 세대와 기성세대 간 갈등을 단적으로 보여 주는 흥미로운 '설전'이 오갔습니다.

그 당시 뉴질랜드의 녹색당 소속 25세 여성 국회의원인 클로이 스워브릭(Chlöe C. Swarbrick)은 의회에서 기후변화 대책을 촉구하는 연설을 진행하고 있었는데, 의석에서 의원들의 야유가 터져 나왔답니다. 연설 내용 중엔 49세에 이르는 뉴질랜드 의원들의 평균연령을 언급하면서 '나이 든 사람이 차지한 정부와 의회가 젊은 세대를 위한 기후변화 대책을 제대로 시행하지 못한다'고 비판하는 대목이 있었죠. 그러자 대부분 40·50대 이상인 동료 의원들이 젊은 의원의 발언이 못마땅했는지 야유를 보냈는데, 연단에 선 스워브릭 의원은 당차게 "오케이 부머"(OK boomer)라고 받아쳤어요.

영어권에서 '부머'는 주로 제2차세계대전 이후 1940~1960년대 '베이비 붐'(baby boom) 시기에 태어난 세대를 젊은 세대가 비꼬아 부르는 말입니다. "오케이 부머"를 우리말로 옮기자면 "응, 꼰대"나 "됐어요, 어르신"처럼 조롱 섞인 답변으로 해석할 수 있죠.

그 소식이 온라인상에 쫙 퍼져 세계적으로 화제가 되자, 이번엔 미국에서 노년층의 '반격'이 나왔어요. 미국은퇴자협회(AARP)라는 유명 이익 단체의 수석 부대표이던 80세 여성 머나 블라이드(Myrna Blyth)가 온라인 매체 《악시오스》*Axios*와 한 인터뷰에서 스워브릭 의원을 겨냥하며 "오케이, 밀레니얼 세대. 근데 진짜 돈을 가진 건 우리인걸."(OK, millennials. But we're the people that actually have the money.)이라고 일갈한 겁니다.

밀레니얼 세대란 1980년대 초반부터 2000년대 초반까지 태어난 현재 20·30대를 일컫는 말이에요. 따라서 위의 발언은 "풋내기들아,

암만 떠들어 봤자 소용없단다. 결국 돈과 권력으로 세상일을 결정하는 건 우리니까."라고 쏘아붙인 것으로 풀이할 수 있죠.

청년층은 우리 사회의 미래인데 경제적·정치적 자원을 가장 적게 보유하고 있습니다. 경제활동인구 가운데 제일 활발하고 중요한 계층이지만, 소득과 자산 등 경제적 자원은 가장 적어요. 정치적 자원인 권력도 가장 적게 갖고요. 한편 노동력이 점점 떨어지고, 미래에 대한 책임에서도 멀어지는 기성세대와 노년층은 우리 사회에서 제일 많은 경제적 자원과 권력을 누립니다.

앞으로 저출산 고령화는 젊은 층에게 더욱 많은 부담을 떠안길 거예요. 일하기 어려운 고령층 인구가 늘어나면서, 이들을 부양하기 위해 청년 세대는 더 열심히 일해야 하기 때문이죠. 스워브릭 의원이 제기한 기후 위기 문제 역시 마찬가지입니다. 경제개발과 성장 과정에서 얻은 풍요는 기성세대가 차지했지만, 온난화로 파괴된 생태계와 병든 지구는 젊은 세대가 물려받아야 하기 때문이에요.

청년이 미래를 결정케 하라

결국 청년 문제도 정치로 푸는 수밖에 없습니다. 청년 세대에게 경제적·정치적 자원을 어떻게, 얼마나 분배해야 할지를 정하는 것이

곧 청년 문제의 해결책이니까요. 또 지금 우리 사회가 가진 자원을 당장 다 소모해 버릴지, 미래를 위해 저축할지 결정하는 역할도 정치의 몫이고요.

한마디로 청년 문제의 해법은 정치 본연의 역할인 '합리적 자원 배분'과 가장 깊은 관련을 지닙니다. 그렇다면 청년 세대에게 합리적 자원 배분이란 어떤 의미일까요?

사회에서 권력과 부, 지위 등 유무형의 자원을 모든 구성원이 동의하는 '합리적인 방식'으로 배분하려면 무엇보다 기회의 평등함과 경쟁의 공정함, 결과의 정의로움이 보장돼야 합니다. 다시 말해 자원에 접근할 기회가 모든 구성원에게 똑같이 주어져야 하고, 공정한 규칙에 따라 자원 획득 경쟁이 이뤄질 수 있도록 해야 하며, 경쟁의 결과는 승자 독식이나 패자의 낙오가 아닌 만인의 행복이 돼야 한다는 뜻이죠. 불평등과 불공정, 계층 양극화는 합리적 자원 배분이 실패한 결과물이고요.

청년 문제에서도 마찬가지입니다. 젊은 층도 기성세대와 평등하게 권력과 부, 지위에 도전할 기회를 얻어야 하고, 공정한 기준으로 경쟁에 참여할 수 있어야 하며, 노력과 성취에 따라 마땅한 보상을 받을 수 있도록 해야 하죠.

특히 청년 세대는 이제 막 사회생활의 출발선에 선 이들의 집단이에요. 그런 만큼 기성세대와의 관계뿐 아니라 이들 집단 안에서도 교육과 진학, 취업상의 '기회의 평등'과 '정당한 보상'을 보장해야 합니다. 부모의 재력과 지위에 따라 불평등한 기회가 주어지고, 불공정한 경쟁이 이뤄져서는 안 되겠죠. 경쟁자들이 똑같은 출발선에 나란히 서서 누구에게나 똑같이 적용되는 규칙을 준수하고, 승부 결과에 따라 합당한 보상을 받아야만 공정한 게임이라 할 수 있어요.

현재를 위한 자원 소비와 미래를 준비하는 자원의 절약·저축도 매우 중요한 문제입니다. 청년 문제를 해결하고자 공정하고 평등하게 자원을 배분한다는 건, 나라 살림과 정책의 목표를 지금 국민의 삶뿐 아니라 젊은이가 살아갈 미래에 대한 철저한 대비에도 둬야 한다는 말이죠. 청년들이 물려받을 나라 살림, 곧 국가 재정을 튼튼히 하며 이들이 살아갈 지구 생태계가 안전하도록 기후 위기 정책을 마련하는 일이 그래서 중요해요.

이를 위해서는 무엇보다 우리 사회에 청년의 목소리가 더 크게 들려야 합니다. 기성세대는 청년에게 발언 기회를 더 많이 부여해야 하죠. 더 다양한 청년이 정당에서, 정부에서, 회사에서 중요한 자리를 맡아 활동하도록 해야 하고요. 청년 자신들도 더 적극적으로 사회참여와 정치 참여에 나서야 합니다. 그래야 청년이 살아갈 미래를 스스로 결정할 수 있어요.

축구광 이란 소녀의 도전

오프사이드

이란에선 여성이 경기장에서 축구를 관람하는 일이 여전히 금지되고 있습니다. 그런 이란에서 축구광인 한 소녀가 월드컵 예선경기를 보기 위해 남장한 채로 경기장 잠입을 시도하죠. 선수들이 뛰는 모습을 직접 지켜보며 조국의 월드컵 본선 진출을 열렬히 응원하고 싶은 이 소녀의 도전, 과연 성공할까요?

2006년 개봉한 〈오프사이드〉*Offside*는 우리에겐 익숙지 않은 이란의 스포츠·풍자·코미디 영화입니다. 우리나라처럼 이란에서도 축구가 엄청나게 커다란 인기를 끄는 스포츠죠. 특히 아시아에선 이란이 한국, 일본, 사우디아라비아와 함께 축구 강국으로 손꼽혀요. 2022년 3월 카타르 월드컵 최종 예선에서도 우리나라와 대결을 펼쳤고, 나란히 아시아를 대표해 본선 16강에 진출했습니다.

하지만 이란은 종교적인 이유로 여성에게 스포츠 경기 관람을 제한해요. 아직도 사회 활동에서 엄격한 남녀 차별이 존재하는 나라입니다.

그래서 〈오프사이드〉는 매우 흥미로운 영화예요. 현실의 냉혹함에 대비되는 소녀들의 귀엽고 엉뚱한 행동이 재미를 주죠. 부조리에 저항하는 소녀들과, 이들에게 공감하는 청년 경찰의 모습은 감동적이기도 합니다.

　영화는 월드컵 본선 진출을 결정할 이란과 바레인의 최종 예선경기를 배경으로 해요. 남장한 소녀가 웃돈까지 얹어서 암표를 산 뒤, 축구장으로 들어가려고 하죠. 그러나 이내 경찰에게 발각돼 경기장 바깥에 임시로 만들어진 울타리 안에 감금됩니다. 거기에는 또 다른 축구광 소녀들이 붙잡혀 와 있어요. 소녀들은 경찰의 눈을 피해서 경기장 안으로 들어가고자 별의별 수를 쓰지만, 잠입은 여의찮죠. 같은 또래의 남자 경찰들과 옥신각신 설전을 주고받기도 합니다. 소녀들을 안쓰럽게 여긴 한 젊은 경찰은 어설프게 경기 중계를 해 주기도 해요. 이란은 과연 바레인을 이기고 월드컵 예선을 통과할 수 있을까요? 앞으로 소녀들의 운명은 어떻게 될까요?

　〈오프사이드〉는 제작된 지 17년이 지났지만, 이란의 남녀 차별과 인권 탄압 상황은 현재도 세계적인 우려를 사고 있어요. 2022년 9월에는 22세 여성 마흐사 아미니(Mahsa Amini)가 히잡을 제대로 안 썼다는 이유로 경찰에 체포당한 뒤 사망하는 사건이 있었죠. 히잡은 무슬림 여성이 머리카락과 목, 어깨 등 상반신을 가리기 위해 쓰는 천이에요. 그 사건 이후 이란 전역에선 정부에 대항해 여성 차별을 반대하는 일명 '히잡 시위'가 거세게 펼쳐졌고, 전 세계의 많은 사람이 연대의 메시지를 보냈어요. 하지만 이란 정부는 시위대를 향한 폭력적인 진압과 탄압을 이어오고 있죠. 그래서 지금, 이 영화가 더 뜻깊게 느껴집니다.

결국 〈오프사이드〉는 이란에서 영화제를 제외하곤 공식 상영되지 못했습니다. 영화를 만든 자파르 파나히(Jafar Panahi) 감독은 사회 비판적인 작품으로 유명한데, 이란 정부에 의해 처벌받아 수년 동안 감옥살이를 한 건 물론이고 예술 활동도 금지당했어요. 그러나 감독은 다양한 방식으로 영화를 만들면서 정부의 검열과 인권 탄압에 반대하는 활동을 계속하고 있죠. 여성 인권을 위한 영화이자 창작의 자유를 향한 예술가의 투쟁을 확인할 수 있는 〈오프사이드〉를 꼭 한번 접해 보길 바랍니다.

정치로 결정되는
살림살이

민주주의 출생의 비밀, 나라 살림

"살림살이 좀 어떠세요?"

"요새 물가가 너무 올라서 살림하기가 너무 팍팍하네."

"가스비, 교통비, 전기 요금은 엄청 뛰었는데

월급은 찔끔 오르는 둥 마는 둥 하니

갈수록 살림이 말이 아니에요."

여러분은 주위 어른들이 가끔 이런 말을 나누는 모습을 본 적 있을 겁니다. 거기서 '살림'이란 일반적으로 한집안의 경제를 꾸리며 살아가는 일이나 경제적인 형편을 뜻하죠. 경제학에서는 한집안의 살림을 '가계'라 불러요. 가계는 소득과 지출, 저축으로 이뤄집니다. 소득은 노동이나 경영, 투자의 대가로 얻은 임금 또는 수익을 가리키죠. 지출은 가족들의 교육비, 주거비, 식비, 통신비 등으로 이뤄지고요. 매년 정부는 국민의 살림살이가 어떤지를 조사하는데, 이를 '가계 금융 복지 조사'라고 합니다. 2021년 기준 우리나라 가계의 연간 평균 소득은 6,414만 원이에요. 각 가정에서 1년 동안 벌어들인 돈이 그 정도 된다는 얘기죠.

그런데 집안에만 살림이 있는 게 아닙니다. 살림은 나라에도 있습니다. 나라 살림은 '국가 재정', 간단히 '재정'이라고 부르죠. 이래서 평상시에 나라의 살림살이를 총괄하는 정부 부처 이름도 '기획재정부'예요.

한 국가에서 경제활동을 하는 주체는 크게 셋으로 분류할 수 있는데, 가계와 기업과 정부입니다. 쉽게 말해 집안 살림과 회사 살림, 나라 살림이 국민경제의 바탕을 이룬다는 얘기죠.

이번엔 그 가운데서도 나라 살림 이야기를 하려고 해요. 언뜻 보면 나라 살림은 그저 '돈'과 '경제' 얘기일 것 같지 않나요? 하지만 그렇지만은 않아요. 세계 각국의 역사와 국가 재정 운영 제도를 잘 살펴보면 나라 살림에는 아주 중요한 비밀이 숨어 있거든요. 그건 바로 '민주주의'와 '의회정치'가 생겨난 이유, 즉 민주정치의 놀라운 '출생의 비밀'이랍니다.

우리나라의 살림 규모는 얼마나 될까?

먼저 우리나라 살림살이 규모를 들여다봅시다. 한 해 계획은 새 해가 시작되기 전에 세워야겠죠? 그래서 연말인 11월이나 12월에 이듬해 예산을 결정해요. 2022년 국회는 12월 24일에 2023년 정부 예산을 통과시켰는데 총 638조 7,276억 규모였습니다. 원래 정부가 639조 419억 원 규모의 예산안을 짜서 국회에 넘겼지만 국회는 여기서 3,142억 원을 줄여 최종적으로 결정했죠.

그러니까 정부가 "2023년엔 639조 원 정도 쓸게요. 국민을 대표해 국회에서 좀 승인해 주십시오."라고 예산안을 제출했더니, 국회에선 "너무 많아요. 3,000억 정도는 깎아야겠네요."라고 결정해 결재 도장을 '쾅쾅' 찍어 줬다고 볼 수 있어요. 국회는 정부 예산안을 아주 꼼꼼히 들여다보는데, 이렇게 심사하는 과정에서 항목별로 줄어드는 것도 있고 늘어나는 부분도 있습니다.

638조 7,276억 원은 보통 사람이 상상조차 하기 힘들 만큼 엄청나게 큰 돈이에요. 가구당 연평균 소득이 6,414만 원이니 나라 살림 규모가 얼마나 큰지 잘 알겠죠?

그렇다면 우리나라 예산 중 가장 비중이 큰 항목은 무엇일까요? 바로 보건·복지·고용 분야입니다. 국민의 건강과 생계, 일자리 등을 위한 예산이 약 226조 원으로 전체의 35.4%를 차지하죠. 정부 부처 및 산하기관 등의 업무와 제도, 공무원 임금을 유지하는 데 필요한 일반·지방 행정 예산이 다음으로 많고요(112.2조 원, 17.6%). 이후로는 교육 분야(96.3조 원, 15.1%)와 국방 분야(57조 원, 8.9%), 정부 연구개발 분야(31.1조 원, 4.9%) 예산이 차례로 뒤를 잇습니다.

여러분 집안의 한 해 지출 계획을 짜 본다면, 어떤 분야가 가장 돈이 많이 필요할까요? 교육비일까요, 식비일까요? 집안 살림 항목을 정부 예산과 비교해 보는 일도 참 재밌을 겁니다.

거기서 국회가 왜 나와?

그런데 만일 정부도 국회도 미처 예상 못 해서 예산에 넣어 두지 않았는데 아주 급하게 나랏돈이 들어갈 일이 생긴다면 어떨까요? 태풍·홍수 같은 자연재해가 닥치거나 코로나19처럼 신종 감염병이 갑작스레 퍼져서 피해가 커진다면요?

이럴 때는 정부가 신속히 추가예산을 편성해야 합니다. 그러나 이 또한 국회에 예산안을 제출한 뒤 승인을 얻어야 하죠. 이를 '추가경정예산'이라고 불러요. 특히 코로나19가 유행하는 동안엔 아무도 예상 못 한 국민적 피해가 매우 커서 추가경정예산을 한 해에도 몇 차례씩 편성해야 했습니다.

앞서 봤듯 국가 예산이 확정되는 과정에서 가장 중요한 역할을 맡는 기관은 국회예요. 국회는 정부가 제출한 예산안을 심사해 최종적으로 결정하죠. 그런데 좀 이상하지 않나요? 국회는 법을 만드는 기관, 즉 입법기관 아니었나요?

물론 국회는 민주주의의 기본 운영 원리인 '삼권분립'에 기반해 입법권을 지닌 기관입니다. 국회가 법을 만들면 행정부가 집행하죠. 사법부인 법원은 개인이나 단체 등 국가 구성원이 법을 어겼는지 판단해 어떤 벌을 줘야 하는지를 결정하고요.

국회는 국민이 선출한 대표로 구성됩니다. 대의 민주주의에 따라 국민 의사를 반영해 법을 만드는 것이죠. 또 정부를 감시하고 통제함으로써 국가권력의 남용을 막고, 국민의 요구를 정책에 반영해요.

그런데 입법권과 함께 국회가 지닌 중요한 권능이 '재정에 관한 권한'입니다. 국회는 정부가 제출한 예산안을 심의·확정하고, 정부가 지난 1년 동안 예산을 제대로 집행했는지(결산)를 심사하죠. 곰곰이 생각해 보면 국회가 지닌 '재정에 관한 권한'은 입법권에서 비롯된다는 사실을 알 수 있어요. 국민에게서 세금을 거둬들이고, 그 돈을 쓰는 일은 어느 한 사람이 마음대로 하거나 때에 따라 다르게 해선 절대 안 되는 행위이기 때문입니다. 또 정부가 예산집행을 법률에 따라 하는지 감시도 받아야 하고요. 이런 이유로 예산안 수립은 정부가 하지만, 심사와 최종 결정은 국회의 몫인 거예요.

나라 살림에 국회가 얼마나 강력한 권한을 지니는지는 예산안을 제출할 때 대통령이 국회로 나와 연설해야 한다는 사실에서도 잘 드러납니다. 행정부의 최고 책임자가 예산편성의 이유와 주요 내용을 설명하며 "국회에서 잘 심사해 주길 의원들께 부탁합니다."라고 당부하는 것이죠.

앞서 언급했듯 예산뿐 아니라 결산도 국회를 거칩니다. 결산 심사권을 지닌 국회가 나랏돈이 법과 원래 목적에 맞게 제대로 쓰였는지를 따져요. 그뿐만 아니라 예산집행 과정에서 정부 각 기관이 잘못한 업무나 행위가 없었는지도 점검합니다.

매년 국회에서 정부의 예산집행을 포함해 나랏일을 잘하고 있는지 따져 보는 절차가 바로 국정감사예요. 국정감사는 일반적으로 해마다 9~12월에 치러집니다. 이때는 각 정부 부처를 이끄는 장관과 공직자들이 국회에 출석해 의원들에게서 여러 질문과 질책을 받는답니다.

민주주의 탄생의 비밀

나라 살림을 국민의 대표가 결정한다는 사실은 지금이야 아주 당연해 보여요. 하지만 민주주의 제도가 정착되기 전만 해도 그렇지 않았죠. 왕실과 귀족 맘대로 세금의 규모와 종류를 마구 정해 거뒀거든요. 세금을 쓰는 것도 왕과 귀족 마음대로였고요.

이러다 보니 어떤 국가는 때때로 나라 살림이 아예 거덜 날 지경에 처하기도 했습니다. 제대로 된 감시와 견제를 받지 않은 채 특권계층이 나랏돈을 펑펑 쓰다 보니 생긴 일이죠. 그런데 이때마다 왕실은 다시 국민에게서 세금을 거둬들여 나라 곳간을 채우려 했어요. 국민으로선 화가 머리끝까지 치밀어 오를 수밖에 없었습니다. 아니, 피땀 흘려 일군 곡식이나 재산을 마음대로 걷어 가는 것도 모자라 낭비와 사치를 일삼다가 더 많은 세금을 내라니요? 그래서 분노한 국민은 들고일어나 왕실을 공격하고 스스로 대표를 뽑아 나라 살림을 결정하도록 했답니다.

이게 바로 시민혁명이에요. 왕이 자기 맘대로 하던 봉건 정치인 '전제 왕정'을 끝내고, 국민이 직접 자신들의 대표를 뽑아서 통치하는 대의민주제의 발전을 가져온 역사적 과정이죠. 곧 나라 살림이 민주주의 출생의 비밀인 셈입니다.

프랑스혁명의 발발 과정이 그 점을 아주 잘 보여 줍니다. 유럽 역사에서 18세기 후반은 왕이 절대적 권력을 지녔던 시대예요. 프랑스의 왕인 루이 16세(Louis XVI, 재위 기간 1774~1792)는 사치와 향락을 일삼고, 대외적으로는 미국독립전쟁을 지원하면서 국가 재정을 바닥냈죠.

왕은 세금을 더 거두기 위해 궁리에 궁리를 거듭하다가 그동안 유명무실해진 '삼부회'를 소집합니다. 삼부회란 당시 봉건 신분제에 기반한 의회로 제1신분인 사제, 제2신분인 귀족, 제3신분인 평민 대표로 구성됐어요. 각 계층을 대표하는 형식이긴 했지만, 의회로서 제 기능은 못 했죠. 거의 열리지도 않았을뿐더러 열린다고 해도 왕의 결정을 거드는 왕실의 하부 기관이나 다름없었습니다. 게다가 전체 인구로는 제3신분인 평민이 가장 많았지만, 삼부회의 결정권은 당시 특권계급인 제1·2신분이 더 가졌어요.

하지만 이번에는 달랐답니다. 왕실이 세금을 더 많이 걸을 목적으로 갑자기 삼부회를 소집하는 과정에서 평민들이 더 많은 의결권을 요구한 것이죠. 그동안 사제와 귀족은 인구는 훨씬 적은데 재산은 더 많이 가졌고, 세금은 거의 안 냈습니다. 인구의 98%를 차지하는 평민들은 가진 재산은 별로 없지만 세금은 아주 많이 내야 했죠. 이들의 세금이 나라 곳간을 채운 겁니다. 매우 억울했을 거예요.

결국 평민 대표들은 삼부회에서 떨어져 나와 독자적인 의회를 결성하고 '국민의회'라 이름 붙입니다. 국민의회는 훗날 국민공회로 바뀌어 왕정을 폐지하는 데까지 나아갔죠. 이들의 국민의회와 국민공회가 바로 오늘날 의회 제도의 뿌리가 된 겁니다.

대표 없이 조세 없다

미국의 독립 전쟁과 민주주의 발전도 출발은 나라 살림이었어요. 앞서 루이 16세가 왕실 재정을 파탄 낸 원인 중 하나가 '미국독립전쟁에 대한 지원'이라 했죠? 사실 프랑스혁명(1789~1799)보다 먼저 일어난 미국독립전쟁(1775~1783)의 원인 또한 재정 위기였답니다.

18세기 후반, 미국 땅은 영국에서 이주해 온 사람들이 대부분 차지하게 됐습니다. 그 당시 미국엔 13개 주가 있었는데, 이들은 모두 영국을 '모국'으로 인정하고 있었죠. 미국이 영국의 식민지였던 거예요. 그런데 계속되는 전쟁으로 영국 왕실이 점점 재정 위기에 처하게 됐습니다. 이에 영국 왕실은 미국으로부터 더 많은 세금을 걷으려고 했죠. 미국에 살고 있던 영국인들은 크게 반발했어요. 그때 미국 각 주 대표들은 영국 의회의 결정에 참여할 수 없었는데, 자신들의 의사를 들어 보지도 않고 맘대로 세금을 정했으니까요.

결국 미국 13개 주 대표는 영국의 세금 정책에 맞서 싸우기로 합니다. 이게 미국독립전쟁의 시작이죠. 독립 전쟁에서 승리한 13개 주 대표는 영국 왕이 아닌 미국만의 대표를 뽑기로 했습니다. 영국 왕이 아닌 미국민만의 대표, 그가 바로 대통령이에요. 이것이 세계 최초로 미국에서 대통령제가 시작된 계기죠.

영국 왕실의 식민지 세금 정책에 반발하면서 미국민들이 내세운 구호가 바로 "대표 없이 과세 없다"(No taxation without representation)입니다. 미국민 대표가 참여하지도 않고 영국 왕실과 의회 맘대로 정한 세금 정책은 받아들일 수 없다는 주장이에요. 민주주의 역사를 대표하는 말이기도 하죠. 세금은 국민의 대표가 법에 따라 결정해야 한다는 원칙은 오늘날 모든 국가에서 통용됩니다. 이를 '조세 법정주의'라고 해요. 우리나라 헌법 제59조에서도 "조세의 종목과 세율은 법률로 정한다."라고 명시합니다.

나라 살림의 경제적 원천은 국민 세금이에요. 국민에게서 나오는 돈이니, 거둬들이는 일이나 쓰는 일 모두 국민이 정해야 하죠. 그래서 국민의 대표인 국회가 세금의 징수와 사용에 관한 법을 정하며, 정부의 예결산을 심사하고 감시하는 겁니다.

옛말에 '곳간에서 인심 난다'고 했는데, 이 말을 살짝 바꿔서 민주주의 출생의 비밀을 담아낼 수도 있겠습니다. 즉 '나라 곳간에서 민주주의 났다'고 말입니다.

경제 위기에 대처하는 정치

"문제는 경제라고, 이 바보야"(It's the economy, stupid).

이 구호는 1992년 미국 대통령 선거에서 민주당의 빌 클린턴(Bill Clinton) 후보가 내세운 거예요. 상대 후보는 당시 현직 대통령이던 공화당의 조지 H. W. 부시(George H. W. Bush)였죠. 지금도 그렇지만 이때 미국은 국가 안보, 인종차별, 범죄와 테러 등 여러 사회문제를 안고 있었고 대선 후보들은 다양한 진단과 해결책을 제시하며 경쟁했습니다. 그러던 중 클린턴 후보가 경제문제를 집중적으로 부각한 이 구호를 전면에 내세우며 유권자들의 마음을 얻었어요.

결국 클린턴은 그 구호 덕분에 현역 대통령을 물리치고 백악관의 새 주인이 됐답니다. 국가의 다른 어떤 일보다도 국민이 먹고사는 문제, 곧 경제가 가장 중요하다는 것과 이를 해결할 대통령 후보가 자신임을 주장한 전략이 승리의 최대 비결이었죠. 그 뒤 이 구호는 미국은 물론이고 우리나라에서도 선거 때마다 인용될 정도로 매우 유명해졌어요. 단 한마디이지만, 정치의 가장 중요한 임무가 나라 경제를 발전시키며 국민 삶의 질을 향상하는 것이란 사실을 상징하는 문구가 된 겁니다.

이제 세계는 다시 경제 위기의 시대에 들어섰습니다. "문제는 경제라고, 이 바보야"라는 구호를 새삼 떠올리게 되는 시기죠. 과연 정치는 경제를 위해 무엇을 해야 하고, 또 어떤 선택을 내려야 하는 걸까요? 경제와 정치의 관계를 생각해 봅시다.

세계에 드리운 경제 위기의 그림자

얼마 전부터 부모님이 살림살이를 걱정하며 내쉬는 한숨도 부쩍 잦아졌을 거예요. 우선 지난겨울 난방비가 폭등했죠. 가스·전기 요금이 비싸졌습니다. 교통비 역시 인상됐어요. 고기며 채소며 식료품 가격도 하루가 다르게 뛰고요. 김밥이나 라면, 떡볶이, 짜장면, 치킨,

피자의 제품당 가격도 몇 달 새 적게는 몇백 원에서 많게는 몇천 원씩 올랐죠. 세계 석유 시장의 영향을 크게 받는 경유와 휘발유 등 기름값은 내릴 때는 찔끔, 오를 때는 무섭게 뛰어서 자동차 타고 외출하기도 겁납니다.

물가뿐 아니라 금리도 높아져서 가계에 큰 부담이 되고 있어요. 많은 가정이 집을 빌려 살거나 구매하기 위해 은행에서 돈을 꿨는데 대출이자가 점점 더 오르고 있죠. 하지만 월급과 집값은 그대로이거나 내려갑니다. 주가도 내려가서 저축 대신 투자를 선택했던 많은 이의 고민도 깊어져 가요. 내가 가진 재산의 가치는 떨어지는데, 빌린 것과 사야 하는 것의 값은 높이 뛰는 시대죠. 경제 위기는 각

가정과 국민 개개인에겐, 받을 돈은 적어지고 갚거나 줄 돈은 많아져 살기 힘들어진다는 뜻입니다.

비단 우리나라뿐 아닙니다. 전 세계적인 현상이죠. 최근 들어 많은 나라에서 경제 침체 현상이 나타나는 동시에 물가가 부쩍 올랐습니다. 원유, 가스 같은 에너지·원자재와 밀, 옥수수, 콩 등 농산물의 가격 상승이 제일 큰 원인이에요. 거기에는 러시아·우크라이나 전쟁이 큰 영향을 끼쳤죠. 각국 정부는 이에 잘 대처하기 위해 노력 중입니다. 우리 정부도 무역 적자가 커지고 물가가 치솟는 지금의 상황을 '경제 위기'로 진단하면서 '비상 체제'를 갖춰 대응하기로 했어요. 한동안 코로나19로 모두 힘들어했는데, 감염병의 긴 터널을 지나고 나니 경제 위기의 시대가 닥친 겁니다.

그렇다면 국가는 어떻게 대응해야 할까요? 답은 한 가지가 아닙니다. 뚜렷한 정답이 있는 것도 아니죠. 나라마다 대응이 다르고 한 국가 안에서도 정당마다, 정치세력마다, 정치인마다 내놓는 해법이 가지각색이에요. 이러니 정부는 '선택'의 갈림길에 서 있다고 할 수 있어요. 정부의 고민은 세 가지로 요약할 수 있습니다. 첫째로 '경제를 민간·시장 주도로 끌고 가야 할지, 국가·정부 주도로 관리해야 할지'를 선택해야 합니다. 둘째로 '나라 살림 운용의 원칙과 규모'를 정해야 하죠. 마지막으로 '금리와 물가를 어느 수준으로 유지해야 할지' 결정하는 것도 정부의 몫입니다.

경제와 정치는 무슨 관계일까?

　여기서 잠깐, 경제와 정치의 의미를 먼저 생각해 봅시다. 경제활동이란 인간이 살아가는 데 필요한 것을 만들고, 나누고, 사용하는 모든 활동을 말해요. 크게 생산, 분배, 소비로 구분되죠. 한편 정치란 사회적으로 가치 있다고 여기는 유무형의 자원을 배분하는 문제를 둘러싸고서, 다양한 참여자 사이에 발생하는 갈등을 조정하며 해결하는 과정을 가리킵니다.

　경제활동의 대상인 '인간이 살아가는 데 필요한 것'은 재화와 서비스예요. 재화는 자동차나 휴대전화 같은 구체적인 형태가 있는 상품이죠. 서비스는 기업가의 경영, 미용사의 이발, 미화원의 청소, 의사의 진료처럼 눈에 보이는 물건은 아니지만 경제적 대가를 받는 인간 활동입니다. 앞서 정치의 대상은 자원 배분 때문에 생기는 갈등이라고 했어요. 거기서 자원은 권력이나 부, 지위 등을 가리키죠. 결국 경제활동의 대상인 재화와 서비스는 정치에서 말하는 자원에 속하고 '부'와 관련된 것이라 할 수 있습니다.

　무릇 경제활동 참여자라면 누구든 최소 비용으로 최대 효과를 얻으려 하게 마련이에요. 이를 '경제원칙'이라 하죠. 모든 사람이 경제원칙에 따라 행동할 때, 갈등과 경쟁은 필연적입니다. 그래서 정치는 모든 경제활동 참여자가 따라야 하는 공동 규칙을 법으로 정해

놓아요. 이런 법에 따라 참여자들 간에 공정한 경쟁이 이뤄지도록 감시하며, 서로 갈등이 생겼을 때 조정하고 해결하는 게 정치의 역할이에요. 규칙을 위반한 참여자는 법에 따라서 심판해 처벌하고요. 그게 바로 정치의 입법·행정·사법 기능입니다. 이제 경제와 정치가 서로 떼려야 뗄 수 없는 관계라는 사실을 잘 알겠죠?

정부는 정치의 가장 중요한 주체이기도 하지만, 경제활동의 주체이기도 합니다. 그 누구보다도 커다란 규모의 살림살이를 운영하는, 생산·분배·소비의 주체이니까요. 경제활동의 주체는 크게 가계와 기업, 정부, 해외 부문으로 나눌 수 있습니다. 이 가운데 가계와 기업을 가리켜 '민간경제'(민간 부문)라 부르죠. 거기에 정부를 더하면 '국민경제'가 되며, 해외 부문까지 포함하면 '국제경제'예요.

심판만 볼까, 선수로도 뛸까?

재화나 서비스가 거래되고 가격이 결정되는 곳을 '시장'이라 합니다. 동네의 가게부터 편의점, 전통 시장, 대형 마트까지 눈에 보이는 물건을 파는 시장도 있지만 경제학에선 사려는 사람과 팔려는 사람이 만나 이루는 모든 관계를 아우르는 추상적 의미로 '시장'을 이해하죠.

정부는 시장을 두고서 고민에 빠져요. 시장을 가계와 기업의 자율에만 맡길 건지, 정부가 나서서 생산·분배·소비 과정에 개입할 건지를 정해야 하니까요.

극단적으로 오로지 민간 부문의 자율에 맡기는 방식을 '시장경제 체제'라 하고, 정부가 생산·분배·소비를 완전히 통제하는 방식을 '계획경제 체제'라 부릅니다. 하지만 오늘날엔 어느 하나만을 고집하는 나라는 없죠. 모든 국가가 둘을 적절히 섞은 '혼합경제 체제'를 운용해요.

그렇다면 정부는 시장 자율성을 얼마만큼 보장할지, 어느 정도로 시장에 개입할지를 선택해야 합니다. 시장 자율성을 강조하는 정부라면 기업을 더 자유롭게 놔줄 거예요. 기업에 대한 각종 규제를 완화해 자율적이고 창의적인 기술 개발을 독려할 겁니다. 더 많은 부문을 민간 기업에 맡겨서 경쟁에 따른 혁신을 유도하고, 수익을 창출하도록 애쓸 테죠.

한편 국가의 적극적 역할을 선호하는 정부라면, 기업이 사적 이익 추구에만 골몰하지 않고 사회적 기여를 더 많이 할 수 있도록 북돋울 거예요. 기업이 법망을 피해서 이윤을 추구하지 않도록 감시와 규제를 철저히 할 겁니다. 소비자를 보호하고, 가계의 소득과 기업의 이윤이 균형을 이루도록 정책을 짜겠죠. 또 국민에게 꼭 필요하고 국가의 바탕이 되는 교육·복지·의료 등의 분야는 민간 기업에 맡기지 않고, 정부가 직접 운영하거나 공공의 재원으로 경영되도록 할 테고요.

비유하자면 정부는 가계와 기업이 선수로 뛰는 '시장'이라는 운동장의 심판입니다. 선수가 할 일은 꾸준히 기술을 연마해 경기에서 이기려 총력을 기울이는 것이고, 심판의 역할은 게임이 규칙대로 이뤄지는지를 감시하는 일이죠. 하지만 문제는 경기를 온전히 선수들에게만 맡겨 놓고 정부가 심판만 맡다 보면, 승부가 일방적으로 이뤄지게 된다는 점이에요. 이러면 경기는 재미없어지고, 패배한 쪽은 모든 것을 잃고 마는 결과가 펼쳐질 수도 있습니다.

그래서 심판이 때로는 감독이나 선수로 나서서 승부의 균형을 맞추고, 승자나 패자나 보상을 얻게끔 해야 합니다. 왜냐하면 경제는 스포츠와 달리 승부를 결정짓는 것만이 목적이 아니라, 모든 참여자가 흥미롭게 즐기고 승자나 패자나 적당한 보상을 얻을 수 있어야 하는 특수한 게임이기 때문이죠.

인플레이션과 정부의 선택

세계 각국의 역대 정부를 보면 대개 진보 성향 정부는 국가와 공공 부문의 적극적 역할을 강조하고, 보수 성향 정부는 시장 자율성

확대를 추구해요. 하지만 정부의 역할은 국가 주도냐, 시장 주도냐를 선택하는 것만으로 그치진 않습니다. 특히 물가가 지속해서 상승하는 인플레이션(inflation) 시기나 생산과 소비, 투자가 모두 침체하는 불황의 시대엔 더 많은 선택의 갈림길에 섭니다.

먼저 수백조 원이나 되는 정부 살림을 어떻게 운용할지를 결정해야 합니다. 가계의 수입원은 소득, 기업의 수입원은 이윤이라면 정부의 주요 수입원은 세금이에요. 정부는 국민에게서 걷은 세금을 여러 분야에 지출하죠.

가정에서 집안 살림을 꾸릴 때도 얼마를 어떻게 벌어서 어디에 써야 하는지를 계획하듯, 정부도 누구에게서 얼마나 세금을 걷고 무슨 일에 얼마만큼을 지출해야 하는지를 경제 상황에 맞춰 결정해야 해요. 물론 이때마다 국회의 승인과 감시를 받아야 하고요. 세금을 어느 부문에서 얼마만큼 걷어야 하는지는 법으로 정해 놔야 합니다.

예를 들어 코로나19 유행 시기처럼 국민소득이 감소하고 경제가 침체했을 때는 세금을 조금 적게 걷으며, 가계와 기업에 대한 지원은 늘려야 할 거예요. 반대로 경기가 과열돼서 물가가 너무 치솟을 때는 물가 안정을 위해 세금을 약간 더 걷고, 국가의 지출은 바짝 줄여야겠죠.

또한 경제 상황에 맞도록 금리를 결정하는 것도 결국 정부의 몫입니다. 금리는 돈을 일정 기간 빌려 쓰는 대가로 지급하는 '이자의 크기'를 결정해요. 빌린 원금에 대한 이자의 비율이 곧 금리죠. 달리 말해 이자율이라고도 표현할 수 있습니다.

물론 금리는 금융기관마다 전부 달라요. 거래 주체가 가계인지 기업인지, 작은 회사인지 큰 회사인지에 따라서도 다른 금리가 적용 되죠. 하지만 모든 금융거래의 기준이 되는 금리가 있습니다. 바로 중앙은행이 결정하는 기준 금리예요. 기준 금리가 오르면 한 나라 에서 거래되는 모든 금융 상품의 금리가 높아지죠. 우리나라는 한 국은행이 기준 금리를 결정합니다.

일반적으로 이자율이 높아지면 가계나 기업은 돈을 빌려서 사업 을 확장하기보단 은행에 맡겨 저축하는 편을 선호해요. 그러면 물 가가 억제되는 대신에 생산과 투자는 위축되죠. 반대로 금리가 낮 아지면 이자가 싸지기 때문에 기업은 돈을 빌려서라도 사업을 더욱 확대하려고 합니다. 이러면 생산과 투자가 활력을 얻고 물가도 따라 상승해요.

그래서 중앙은행은 고물가 경기 호황일 때 금리를 올리고, 저물 가 경제 침체일 때 금리를 내리는 게 보통입니다. '물가 안정이 먼저 인지, 경제 활력이 우선인지'를 놓고서 정부가 어디에 정책 목표를 두는가에 따라 기준 금리도 달라질 가능성이 크죠. 이런 만큼 국가 경제에서 정부의 역할은 매우 중요해요. 선거 때마다 "문제는 경제 라고, 이 바보야"라는 구호가 나오는 이유예요.

부동산이 정치의
어려운 숙제가 된 까닭

"도대체 제 월급을 모아서는 집을 살 수가 없어요."
"집값이 너무 많이 떨어지고 있어서 큰 걱정이에요."

한쪽에서는 집값이 너무 비싸다고 말합니다. 우리나라의 평범한 직장인이 월급을 한 푼도 안 쓰고 모은다 해도 웬만한 집을 사려면 수십 년이 걸리죠. 그래서 집을 살 엄두도 못 내는 사람이 많아요.

하지만 세계적으로 경제 침체 현상이 나타난 2022년 후반부터 아파트 가격이 내려가는 현상이 일어났습니다. 이러자 한편에서는 '집값이 폭락하고 있다'며 울상을 짓는 사람이 늘어났죠. 빚을 내서 주택을 샀는데, 금리 인상으로 갚아야 할 이자는 더 많아지고 정작 집값은 내려가니 큰 걱정이 아닐 수 없다는 거예요.

내 집 마련을 못 한 사람도 푸념하고, 집을 산 사람도 한숨을 내뱉습니다. 부동산 이야기만 나오면 웃는 사람이 별로 없죠. 저마다 할 말은 많아요. 모두 한마디씩 거듭니다. 그리고 주제는 하나로 모이죠. 정부가 잘했는지 못했는지를 따지는 것으로요.

물론 정부는 정부대로 새로운 부동산 정책을 끊임없이 내놓고 있어요. 국회에서도 부동산 관련 법률을 많이 만들고 있죠. 항상 여당과 야당은 부동산 정책을 두고 다툽니다. 선거 때마다 부동산 정책이 유권자의 가장 중요한 관심사로 떠오르고요. 하지만 언제 한번, 누구 하나 '부동산 정책 참 잘됐다'고 말하는 사람은 없죠. 모두 불만만 가득할 뿐입니다. 정부가 무슨 대책을 내놔도 만족할 만한 성과가 나오지 않아요. 왜 그런 걸까요?

이는 부동산 문제가 국가와 정부, 정치와 행정이 풀어야 할 가장 큰 숙제라는 점을 여실히 보여 줍니다. 대통령과 정부가 여러 번 바뀌었지만, 지금껏 누구도 속 시원히 해결 못 한 문제죠.

그런데 곰곰이 생각해 보면 좀 이상한 게 있어요. 예컨대 내게 자동차가 없다고 해서, 어떤 사람은 여러 대를 가졌다고 해서, 자동차 가격이 올랐다고 해서 '정부의 자동차 정책이 잘못됐다'고 말하지는 않습니다. 자동차도 땅이나 집만큼은 아니지만 꽤 고가의 상품이며,

시장에서 활발하게 거래되는 재화이고, 집마다 한두 대씩 있을 정도로 생활필수품이 됐는데 말이죠. 과연 부동산은 자동차와 무엇이 달라서 정치로 해결해야 할 국가적 문제가 된 걸까요?

대체 부동산이 뭐길래

우선 부동산(不動産)은 고정돼 있어서 옮길 수 없는 재산, 일반적으로 땅과 집(건물)을 가리킵니다. 조금 어려운 말로는 '토지와 그 정착물'이라고 하죠. 부동산이 아닌 재산, 즉 자동차나 휴대전화처럼 옮겨서 이리저리 사고팔 수 있는 건 '동산'(動産)이라 불러요.

부동산 문제는 모든 사람이 각자 살고 싶은 곳(땅), 살고 싶은 집에서 못 사는 상황 때문에 비롯됩니다. 누구나 살고 싶어 하는 좋은 땅과 집은 적은데, 그걸 원하는 사람은 많은 탓이에요.

이는 부동산 문제뿐 아니라 모든 경제문제의 출발점입니다. 인간의 욕구는 무한하지만, 그걸 충족할 만한 자원은 한정돼 있다는 사실이죠. 결국 자원의 희소성 때문에 경제문제가 생기는 거예요.

앞서 봤듯이 자원 중에서도 일상생활에 필요하며, 눈으로 볼 수 있고 손으로 만질 수 있는 구체적 형태의 것을 '재화'라 부릅니다. 재화 가운데서도 대가를 주고받으며 거래나 교환이 이뤄지는 것을 경제재라 부르죠. 경제재도 두 가지로 나뉘는데, 개인이 소유하고 마음대로 사용·처분이 가능한 '사유재'와 정부 재정에 의해 공급돼 모든 개인이 공동으로 이용 가능한 '공공재'가 있어요. 자동차와 휴대전화 등은 사유재이고 공원이나 도로, 수도 등은 공공재입니다.

시장경제 체제에서 집과 토지, 즉 부동산도 엄연한 사유재예요. 하지만 대다수 국가에서는 소유주가 부동산을 마음대로 사용·처분 못 하도록 제한하죠. 실제로 내 땅이어도 맘대로 집을 지을 수 없고, 내가 소유한 산이더라도 마음껏 건물을 세우거나 농경지로 만들 수 없습니다. 건물이나 토지의 규격과 목적, 용도 등을 국가가 법으로 엄격히 정해 놨거든요. 이는 부동산이 사유재인 동시에 공공재의 성격을 띠기 때문이죠.

땅과 집을 마음대로 못 하는 이유

내 땅과 내 집을 사용하거나, 처분하거나, 용도를 바꾸려는데 왜 국가의 허락을 받아야 할까요? 왜 내 것을 내 맘대로 못 할까요?

먼저 토지는 노동의 생산물이 아닌, 자연의 산물이라는 특성이 있기 때문입니다. 그래서 어떤 토지가 특정한 누군가의 것이라 해도 이 땅을 사용하고 처분하는 일은 공익과 관계되는 때가 많죠.

예를 들어 어떤 사람이 소유한 산을 모두 깎아서 건물을 짓는다고 가정해 봐요. 그러면 산이 제공하던 공기와 그늘, 생태계가 전부 없어지고 파괴됩니다. 내가 내 옷을 방석으로 쓰고, 내 자동차를 놀이 기구로 이용하는 것과 달리 산을 깎아서 건물을 짓는 행위는 다른 사람들에게 큰 영향을 미치죠. 또한 한번 바뀐 자연은 원래 모습으로 복구하기가 불가능해요. 토지의 무분별한 활용은 동시대의 많은 사람뿐 아니라 오랜 기간 공동체와 후세대에까지 영향을 준다는 말입니다.

그리고 토지는 생산에 아무런 기여를 하지 않고도 소유주의 재산을 늘리는 수단으로 쓰일 수 있기 때문에 더더욱 법적인 규제가 필요합니다. 특히 우리나라에서는 토지와 주택이 주요한 투기 대상이 되어 사회적으로 큰 문제와 혼란을 일으켜 왔죠. 국가의 도시 개발계획, 교통과 주변 환경의 개선 등에 따라 특정한 지역의 토지 가치가 올라가고 이로써 아무런 노동이나 생산 활동의 증대 없이 개인이 큰돈을 버는 일이 적잖았습니다. 그냥 단순히 땅을 가졌다는 이유만으로 막대한 불로소득(不勞所得)을 얻은 거예요. 이런 까닭으로 민주주의와 시장경제 이론에 큰 영향을 미쳤던 학자들은 '부동산이 사유재임에도 공공재적 성격을 지닌다'는 점을 강조해 왔죠.

먼저 영국의 철학자 존 로크(John Locke)는 '토지도 사유가 인정되는데, 다른 사람의 권리를 침해하지 않는 한에서만 가능하다'고

봤습니다. 시장경제 이론가인 애덤 스미스(Adam Smith) 역시 '땅 주인은 자신이 씨를 뿌리지 않는 곳에서 수확한다'며 '그들은 자본가와 노동자가 만들어 내는 가치를 약탈한다'고 비판했어요. 자유주의 정치 사상가인 존 스튜어트 밀(John Stuart Mill)도 '지주(땅 주인)는 어떤 노동, 위험 부담, 노력도 없이 잠자고 일어나면 점점 부유해지기에 자유와 정의를 위해 지대(땅값)의 상승분에 대해서는 특별 세금을 징수해야 한다'고 말했고요.

부동산의 사용·처분을 국가가 엄격히 관리하고, 땅을 소유했다는 이유만으로 이익을 얻는 데 대해 세금을 특히 많이 부과해야 한다는 얘기입니다. 정도의 차이는 있지만, 오늘날 여러 나라에서 시행하는 부동산 정책과 제도의 바탕엔 땅의 공공재적 성격을 강조한 이들 사상가의 이론이 자리한다고 볼 수 있어요.

작은 정부와 큰 정부

이제 부동산과 자동차를 둘러싼 정책이 왜 다른지 잘 알았을 겁니다. 하지만 둘 사이엔 엄연한 공통점도 있죠. 사유재이며 시장에서 거래되는 상품, 즉 경제재라는 점이에요. 부동산도 자동차처럼 시장에서 거래되고 공급과 수요에 따라 가격이 결정돼요. 그렇기에 토지와 주택 등 부동산이 거래되는 곳을 '부동산 시장'이라고 부르는 것이죠.

앞서 말했듯 경제체제는 경제문제를 해결하는 방식에 따라, 시장경제 체제와 계획경제 체제로 나뉘어요. 시장경제 체제에서는 어떤 상품을 얼마나, 어떻게 생산하며 누구에게 분배할지를 개인과 기업이 자율적으로 결정합니다. 한편 계획경제 체제에서는 이런 경제문제를 정부의 의사와 통제대로 해결하죠. 현재 세계 여러 나라는 시장경제 체제와 계획경제 체제의 요소를 섞은 혼합경제 체제를 채택하고요. 그런데 부문과 재화에 따라 시장의 역할을 강조할지, 정부의 역할을 더 중시할지에 대한 생각은 나라마다 다르고 정당 등의 집단이나 개인에 따라서도 다 다르답니다.

이 가운데서도 사유재이지만 공공재의 성격이 강한 부동산 시장에서 갈등이 유독 많이 생겨요. 한편에선 개인 재산권과 사유재로서 부동산을 강조하며 거래를 시장에 맡기라고 주장하죠. 개인과 기업이 자유롭게 선택하도록 놔두면 저절로 적당한 가격에 거래되고, 주택·토지가 사람들에게 배분된다는 발상입니다.

하지만 또 한쪽에서는 정부가 적극적으로 개입해, 개인과 기업의 부동산 거래를 감시하며 규제해야 한다고 주장해요. 정부가 토지를 사들여 집을 짓고, 이를 필요한 사람들에게 적정한 가격으로 공급하는 일도 더 많이 필요하다고 보죠. 개인과 민간 기업에 맡겨 두면 땅과 집이 꼭 필요한 사람들에게 공급되지 못하고 투기와 불로소득으로 불평등만 더 심해진다는 생각이에요.

정부의 역할보다 시장을 더 중시하는 측은 나라가 집값에 간섭하지 말고, 세금도 적게 거두라고 목소리를 높입니다. 이렇게 되면 국가의 규제도 적어지고 재정 규모도 작아지겠죠. 그래서 이 주장을 '작은 정부론'이라고 불러요.

한편 정부의 적극적인 감시·규제와 공급 정책을 강조하는 측은 '큰 정부'가 필요하다고 말합니다. 국가가 땅을 사들여 대규모 개발에 나서고 공공 주택단지를 지으려면 세금도 더 많이 걷고, 재정 규모도 커야 하니까요. 그처럼 부동산 갈등의 배경에는 '개인의 자유로운 재산권 행사가 먼저냐, 더 많은 사람이 누릴 수 있는 공공의 이익이 우선이냐?', '땅과 집은 삶의 기본권이냐, 투자와 재산 증식의 수단이냐?', '공급과 수요를 시장에 맡길 것이냐, 정부가 개입하게 할 것이냐?'에 관한 뿌리 깊은 이견이 깔려 있어요.

내려도 문제, 올라도 문제

토지는 사유재인 동시에 공공재적 성격을 지닌다고 말했습니다. 그 점에 더해 부동산 문제를 더 풀기 어렵게 하는 요인이 또 있죠.

부동산은 기본적으로 '주거'가 목적이지만, 우리나라뿐 아니라 많은 나라에서 강력한 '투자'의 대상이 되기 때문이에요. 정부 정책도 주거용인 부동산에 더 초점을 맞추느냐, 시장에서 거래되는 상품의 성격을 더 강조하느냐에 따라 크게 달라질 수 있습니다.

짐작했겠지만 정부의 적극적 역할을 중시하는 진보 성향 정당들은 대체로 '주거 복지' 차원에서 부동산 문제를 해결하려고 합니다. 국민 누구나 안심하고 살 집이 있어야 한다는 것이죠. 하지만 '작은 정부'를 지향하는 보수 성향 정당들은 대체로 부동산 시장 활성화를 더 중시해요. 땅과 집이 활발히 거래돼야 개발과 건축도 원활히 이뤄지고 경제성장에 도움이 된다는 거예요. 이런 시각차 때문에 정부가 어떤 대책을 내놓든 국민의 불만은 계속되고, 집값이 내려도 올라도 걱정인 상황이 이어집니다.

우리나라 집값은 대다수 국민에게 아주 비싼 것이 엄연한 현실이에요. 소득과 저축만으로는 주택 구매가 불가능할 정도죠. 상속받은 재산이 많지 않다면, 대부분 은행으로부터 빚을 얻어야 합니다. 이렇게 해도 전셋집 마련조차 쉽지 않은 사람이 많고요.

그렇다면 누구나 노력해서 살 수 있도록 집값이 내려가는 게 무조건 좋지 않을까요? 꼭 그렇지만은 않습니다. 만일 집값이 갑자기 내려가면 빚을 내서 주택을 구매한 이들은 막대한 손해를 봅니다. 원금은 물론 이자도 갚지 못하게 될 수 있죠. 빚을 못 갚는 사람이 많아지면 돈을 빌려준 금융기관도 타격을 받아요. 그렇게 되면 아예 빚이 없는 사람들조차 소비를 바짝 줄입니다. 소비가 위축되면 나라 전체의 경제가 흔들릴 수 있죠. 이는 과거 세계적인 금융 위기에서 실제로 나타난 현상이에요.

부동산 문제가 왜 풀기 힘든지 알겠죠? 결국 토지라는 재화에 대한 사회적 합의와 정부의 일관된 부동산 정책이 문제 해결의 중요한 실마리입니다. 정치로 해결하지 않으면 부동산은 영원한 갈등의 원인이 될 수밖에 없어요.

정치로 불평등을
해소할 수 있을까?

자산 6,500억 원 규모의 보험사를 경영하는 마리아노는 매일 아침이면 120억 원짜리 저택에서 눈뜹니다. 그는 집으로 찾아오는 의사에게 회당 100만 원짜리 진료를 받죠. 1년에 몇 번씩은 메이저리그 경기를 보기 위해 야구장을 찾는데, 그때마다 연간 1억 5,000만 원짜리 가입비가 드는 특별 지정석에 앉아서 자신이 좋아하는 팀을 응원해요. 마리아노의 취미 가운데 하나는 가족들과 함께 165억 원짜리 자가용 요트를 타고 떠나는 여행입니다.

12세 소년 크리스토퍼는 미국의 아름다운 휴양지인 플로리다주 어느 마을에서 살고 있어요. 하지만 소년의 집은 그리 멋지지 않죠.

아니, 아예 없다고 하는 편이 더 정확해요. 싸구려 모텔의 방 하나를 빌려 부모, 여동생과 함께 사니까요. 점심은 학교급식을 먹을 수 있지만, 저녁으로는 먹을 게 마땅찮습니다. 토마토케첩 몇 방울을 떨어뜨린 국수 가닥이 전부죠. 이마저도 살 돈이 없어 끼니를 거르는 때가 많고요. 학교급식을 먹지 못하는 주말이면 자선단체에서 나눠 주는 인스턴트 음식 도시락을 받으려고 오랫동안 줄을 서야 합니다. 모텔의 옆 객실에 사는 또래 친구도 사정은 비슷해요. 6~7명의 가족과 한방에서 생활하고, 주말마다 모텔 앞을 찾아오는 자선단체의 도시락 버스를 기다립니다.

지구 최고의 선진국이라고 불리는 미국에서 매일 벌어지는 풍경이에요. 몇 년 전 국내 TV 프로그램에 소개된 내용이죠. 현재 미국에서는 5명 중 1명의 아이가 끼니를 거른다고 해요.

이런 현상이 비단 미국만의 일일까요? 가장 잘사는 나라로 손꼽히는 미국에서조차 이런 일이 일어나는데, 다른 나라의 사정은 과연 어떨까요? 우리나라에서도 계층 간 부의 격차는 갈수록 심해지고, 빚에 쪼들려 삶의 궁지에 이른 사람들의 얘기가 하루가 멀다 하고 언론에 보도됩니다. 부자는 더 많은 부를 쌓고, 가난한 사람은 더욱 궁핍해지는 부익부 빈익빈 현상은 전 세계적으로 나타나는 일이죠. 그런 현상을 다른 말로 '경제 양극화'라 부르고요. 부와 소득의 불평등이 더 심해지고 있다는 뜻입니다.

경제적 불평등은 민주주의를 후퇴시킬 뿐 아니라 사회적 갈등과 불안의 원인이 돼요. 모든 국가가 당면한 문제이며, 정치가 반드시 풀어야 할 과제죠.

코로나19로 더 심해진 불평등

각종 통계에 따르면 세계에서 가장 잘사는 1%의 사람들이 지구 전체 부의 절반 정도를 차지하고 있습니다. 상위 10%의 부자가 소유한 부는 전체의 80~90%에 이릅니다.

앞서 본 대로 가장 선진국으로 꼽히는 미국마저도 경제 양극화가 심각해요. 돈을 가장 잘 버는 1%의 사람이 나라 전체에서 생산되는 부의 3분의 1 이상을 가져가죠. 상위 10%의 몫은 전체의 72%나 되고요. 하지만 하위 50%, 그러니까 미국 국민 가운데 돈을 잘 못 버는 절반이 차지하는 몫은 단 2%에 불과합니다. 미국 국민 4명 중 1명은 자산보다 빚이 많은 '적자 인생'을 살고 있죠.

우리나라의 경제적 불평등 상황도 미국 못지않아요. 상위 1%의 부자가 전체 자산의 30% 정도를 차지하고, 상위 10%가 60~70%를 보유하고 있거든요. 한편 하위 50%의 자산은 전체의 6%도 채 되지 않습니다.

코로나19의 확산과 고물가에 따른 경제 위기는 경제적 불평등을 더 악화시켰어요. 국제 구호 개발 기구인 옥스팜(Oxfam)에 따르면 코로나19가 유행한 2020년부터 2022년까지 상위 1% 부자가 전 세계에서 새로이 창출된 부의 3분의 2를 가져갔죠. 세계 대부분 사람이 평균적으로 1,000원을 번다고 가정할 때 상위 1%는 20억 원이 넘는 돈을 벌었습니다. 최고 부자들의 자산은 코로나19가 유행한 지난 2년간 하루에 3조 원씩 불어났다고 해요. 하지만 세계 인구 4명 중 1명은 소득이 물가 상승을 따라잡지 못해 살림이 갈수록 어려워지는 국가에 살죠. 세계 인구의 10명 중 1명은 굶주리고요.

우리나라는 어떨까요? 코로나19 유행 기간에 상위 1%의 1인당 평균 소득은 연간 2,500만 원이 늘었는데 하위 10%는 11만 원이 감소했습니다. 상위 1%의 부자는 연간 소득이 평균 4억 3,000만 원인데 하위 10%는 채 200만 원을 못 벌어요.

많은 학자와 국제기구는 지금 시대가 최근 100여 년 가운데 빈부 격차가 가장 심각한 때가 될 수 있다고 경고해요. 코로나19 확산에 따른 경제 위기처럼, 앞으로 새로운 감염병이 창궐하면 상황은 더욱 더 악화할 수 있죠. 실제로 유엔 산하의 국제 금융기관인 세계은행 (World Bank)은 지금이 제2차세계대전 이후 불평등과 빈곤이 가장 많이 증가한 시대가 될 수 있다고 경고했습니다.

경제적 불평등은 만병의 근원

여러분은 인류가 더 행복하게 살기 위해 현재 해결해야 할 가장 중대하고 어려운 과제는 무엇이라고 생각하나요? 사람마다 여러 생각이 있을 겁니다. 정답은 없으니까 각자 의견을 글로 써 봐도 좋을 거예요.

어떤 사람은 전쟁을 막고 평화를 지키는 게 무엇보다 급하다고 말할지 몰라요. 2022년 초부터 이어진 러시아·우크라이나 전쟁을 보세요. 많은 사람이 죽어 가며, 도시는 오늘도 불타고 있어요. 생명을 위협받지 않고 폭력으로부터 안전하게 살아갈 수 있는 권리는 인간다운 삶을 이루는 가장 기본적인 것이죠. 그러니 세계 곳곳에서 벌어지고 있는 참혹한 전쟁과 테러를 막는 일은 우리 인류에게 정말 중요한 과제예요. 무력 충돌뿐만 아니라 개개인이나 집단 사이에서 벌어지고 있는 수많은 갈등과 배제, 차별, 혐오를 멈추는 일 또한 필요합니다.

가뭄과 홍수, 폭염과 혹한, 지진과 산불 등 이상기후로 벌어지는 각종 자연재해를 막는 것도 인류가 머리를 맞대고 노력해야 할 일이에요. 인류가 더 오래 지구에서 살아가기 위해선 기후 위기를 꼭 해결해야만 하죠. 또한 인류가 더 건강하고, 편하고, 풍요로운 생활을 누리려면 앞으로도 과학 발전과 기술 개발에 힘써야 해요. 실제로 현재 세계 각국은 대체에너지와 생명공학, 양자 컴퓨터, 우주 항공 개발, 인공지능 등 첨단 과학기술 분야에 엄청난 자원을 쏟아붓고 있어요.

이 모든 일이 어느 하나 절대로 소홀히 할 수 없고, 선후를 가릴 수 없을 정도로 중요한 지구적 과제입니다. 경제적 불평등 역시 마찬가지죠. 특히 경제적 불평등은 생존을 위해 먹고사는 문제와 관련된다는 점에서 더 중요해요. 우리 사회의 구성원이라면 누구든 먹을 게 없어서, 잠잘 곳이 없어서, 입을 옷이 없어서 고통받아선 안

3. 정치로 결정되는 살림살이

됩니다. 배우고 싶어도 가난해서 진학할 수 없거나 병에 걸렸는데도 돈이 없어 치료받지 못해선 안 되죠.

무엇보다 경제적 불평등은 다른 인류적 문제의 원인이 되거나 상황을 더욱 악화하는 요인이 된다는 점에서 더 시급히 해결해야 할 과제예요. 한마디로 요약해 경제적 불평등은 현대사회가 안고 있는 '만병의 근원'이라 할 수 있습니다.

계층 간, 국가 간, 민족 간, 지역 간 경제적 불평등은 분쟁과 전쟁, 테러 등의 직접적이거나 간접적인 원인이에요. 기후 위기에 따른 각종 자연재해는 가난한 계층과 지역에 더욱 큰 피해를 주고요. 수명이 연장되고 삶을 더 편하게 살 수 있도록 첨단 과학기술이 아무리 발전한들, 혜택이 소수에게만 돌아가고 나머지 많은 사람에겐 '그림의 떡'이라면 그것 또한 우리가 바라는 세상은 아닐 겁니다. 어떤 이들은 여전히 실업이나 고달픈 노동, 빈곤, 질병 속에서 살아야 한다면 말이죠.

무력 충돌을 방지하고 평화를 지키는 일, 기후 위기 문제를 해결하는 일, 첨단 과학기술 발전을 이끄는 일엔 모두 '돈'이 들어가요. 국민은 세금을 내고, 나라는 재정을 투입해야 합니다. 그 과정 역시 경제문제, 즉 불평등 해결의 과제와 관련되죠. 누구에게 얼마나 세금을 걷어 누구를 위해 써야 할지를 결정하는 건 국가의 역할이고, 정치의 기능이기 때문이에요.

왜 불평등이 생겨날까?

한 사람이 가진 부는 주로 자산과 소득으로 이뤄집니다. 자산으로는 땅이나 집 등의 부동산, 예금이나 주식 등의 금융자산, 현금이나 가구·미술품·보석 등의 현물 자산 따위가 있죠. 즉 자산은 과거에 쌓아 놓은 재산을 가리켜요.

한편 소득은 노동을 통해 벌어들이는 '근로소득'과, 부동산·금융자산이나 현물 자산의 가치 증대에 따른 '불로소득'으로 나뉩니다. 주급이나 월급, 연봉 등의 임금은 대표적인 근로소득이죠. 아파트값이 올라서 얻는 이익이나 은행에 저축한 돈에 붙는 이자, 주식 투자에 따른 수익, 미술품의 가치나 금값이 올라서 벌게 되는 돈 등은 노동의 대가가 아니라는 의미로 불로소득이라고 불러요. 이 가운데서도 예금이자나 주식거래 수익은 금융 소득으로 분류합니다.

경제적 불평등은 계층 간 자산이나 소득의 격차가 커질수록 악화해요. 그런데 요즘엔 자산과 소득의 격차가 동시에 엄청난 속도로 벌어지고 있죠. 우리나라만 봐도 최근 몇십 년 동안 아파트값이 급등해서, 빚내지 않고는 새로 집을 사기가 어려워졌잖아요. 이러니 땅과 집을 보유한 사람은 더 부자가 되고, 원래 부동산을 소유하지 않은 사람은 새로 구매하기가 더욱 힘들어졌습니다. 집을 사거나 얻는 데 필요한 돈의 액수가 많아졌을 뿐 아니라 교육비와 생계비도 부쩍 올랐죠. 그래서 대부분 사람은 예금하거나 주식에 투자할 여윳돈이 없거나 적어요. 하지만 자산을 이미 많이 가진 사람들의 재산 가치는 더 올랐고 그에 따른 금융 소득도 더욱 불어났으니, 이들은 부동산과 주식에 투자할 여유가 더욱더 많아졌습니다.

근로소득의 격차도 날이 갈수록 벌어져요. 지위와 직업, 직종 간 임금의 차이가 확대되고 있죠. 금융과 첨단 기술의 발전이 몰고 온 전 세계적 현상입니다. 세계적인 은행과 증권사, 투자사가 있는 미국 뉴욕의 월 스트리트에선 수백억, 수천억 원대의 보너스나 연봉을 받는 일이 예사로워요. 소셜 미디어, 소프트웨어, 스마트폰, 컴퓨터 등 정보 통신 기술 기업과 반도체, 생명공학, 의학, 전기 자동차 등 첨단 분야 회사의 창업자나 고위 임원, 중요 개발자들 또한 천문학적인 소득을 자랑하죠. 그들의 자산과 권리를 관리해 주는 금융, 법, 회계 전문가들의 소득 역시 무척 늘어났답니다.

하지만 한쪽에서는 급속한 경제적·직업적 구조의 변화로 많은 이가 일자리를 잃고 있어요. 전통적 형태의 노동에 대한 대가는 갈수록 줄어들죠. 소득과 자산이 적을수록 혁신적인 금융과 기술에 접근하기란 어려울 수밖에 없습니다. 정보도 찾기 힘들고, 학비가 비싸서 교육받기도 힘드니까요. 그렇게 되면 부자의 자녀는 더 부자가 되고, 가난한 사람의 후손은 더 가난해질 거예요. 실제로 전 세계에서 부와 지위, 직업, 학벌의 대물림 현상이 심해지고 있죠.

불평등을 해소하려면

경제적 불평등은 결국 분배의 문제입니다. 분배란 사회에서 생산된 결과물이 구성원에게 고루 돌아가는 일이에요. 경제활동은 생산, 소비, 분배 등 세 가지로 나눌 수 있는데 각각은 독립적으로 이루어지는 게 아니라 동시에 연속적으로 이뤄져요. 예를 들어 생산에 기여한 노동자는 임금을 받고, 공장에 자본이나 토지를 빌려준 쪽은 이자와 지대를 얻죠. 소비자의 소비는 기업의 매출이 됩니다. 이런 소비 활동을 통해 기업은 이윤을 얻으며 투자자는 수익을 가져가요. 그렇듯 분배는 생산·소비 과정과 동시에 이뤄집니다.

정치는 분배의 원리를 결정할 뿐만 아니라 분배의 결과에도 가장 큰 영향을 미쳐요. 그래서 경제적 불평등은 정치가 해결해야 하는 문제이자 각국 정부가 풀어야 할 국가적 과제인 것이죠.

원칙적으로 시장경제 체제에서는 생산과 소비, 분배가 시장의 가격 결정 원리에 따라 이뤄집니다. 임금과 이자, 지대, 이윤 등이 모두 수요와 공급에 의해 자동으로 결정된다고 보거든요. 한편 계획경제 체제에서는 경제활동의 세 요소를 국가가 결정합니다.

하지만 오늘날엔 완전한 시장경제도 계획경제도 없어요. 대다수 자본주의국가는 시장 원리를 기본으로 하면서 계획경제의 요소를 다양하게 도입하죠. 다만 어느 정도로 계획경제 요소를 도입하고,

국가와 시장의 역할을 조정하는지는 나라마다 정부와 정당마다 다릅니다.

따라서 경제적 불평등의 해법도 '시장에 더 많이 맡기느냐, 정부의 역할을 더 강조하느냐'에 따라 좌우됩니다. 대체로 우리나라의 국민의힘이나 미국의 공화당 같은 보수 성향 정당은 시장의 역할을 강조하고, 우리나라의 더불어민주당이나 미국의 민주당 등 진보 성향 정당은 정부의 역할에 힘을 싣죠.

보수 성향 정당들은 '기업 매출이 늘고 경제 규모가 성장하면 국민 전체에 돌아가는 몫이 커진다'고 주장합니다. 이 때문에 정부 정책은 시장 원리를 더 잘 작동하게 하는 것, 즉 기업이 자유로이 이윤 추구를 할 수 있도록 하는 데 집중해야 한다고 봐요. 개인이나 기업이 자유롭게 경쟁하는 가운데 최선의 능력을 발휘하고 기여도에 따라 합당한 보상을 받아야 국가가 발전할 수 있다는 시각이죠. 그래서 이들은 처음부터 경쟁에 참여하기 어렵거나, 경쟁에서 낙오해 재기하기 힘든 사람들을 위해서만 복지 제도를 운용해야 한다고 주장해요. 나라가 지원해 줄 대상자를 엄격히 선별해야 한다는 겁니다.

하지만 진보 성향 정당들은 '분배를 생산과 소비 활동을 통한 시장 원리에만 맡겨서는 지금과 같은 빈익빈 부익부, 경제적 양극화가 심해질 것'이라고 봐요. 기업 매출이 늘고 국가 경제가 성장해도 다수에게 혜택이 가는 것이 아니라, 소수가 부를 독점하는 현상만 더 강해진다고 보죠. 계층 간 자산과 소득의 격차가 더 벌어지고, 절대적 부유층과 절대적 빈곤층이 더 많아지며, 중산층의 생활수준은 더 떨어진다는 시각입니다. 따라서 이들은 부자와 기업을 상대로 세금을 더욱 많이 걷고, 노동자와 사회적 약자의 이익을 보호해야 한다고 주장해요. 교육과 의료, 주거 등에 보편적인 공공서비스를 확대해야 한다고 강조하죠.

2021년 1월 미국에서는 보수 성향 정당인 공화당에서 진보 성향 정당인 민주당으로 정권이 교체됐어요. 민주당 출신의 조 바이든 대통령은 부자와 기업이 내는 세금을 늘리고, 노동자의 최저임금을 올리며, 공공서비스를 개선하려는 정책을 펴고 있습니다. 한편 우리나라에선 반대로 2022년 5월 진보 성향의 더불어민주당에서 보수 성향의 국민의힘으로 정부가 바뀌었죠. 국민의힘 출신 윤석열 대통령은 기업에 대한 규제를 풀고, 세금을 줄여서 생산 활동을 더 장려하는 방향으로 정책을 추진 중이에요. 윤석열 정부는 공공서비스나 보편적 복지 혜택을 줄이면서도, 개인별 기여도와 능력에 따라 합당한 보상이 주어져야 더 공정한 사회가 될 수 있다고 강조합니다. 방법은 전혀 다르지만, 어느 정부든 목표는 경제적 불평등 해결을 향해 있답니다.

아들은 날아오르고, 아빠는 땅속으로

빌리 엘리어트

영국의 주력 산업으로 꼽히던 석탄 채굴이 어느덧 사양길에 들어섰습니다. 1980년대 중반, 당시 총리인 마거릿 대처(Margaret H. Thatcher, 재임 기간 1979~1990)는 주요 탄광을 폐쇄하고, 인력을 감축하는 정책을 시행했죠. 탄광 노동자들은 당연히 반발해 대규모 파업에 나섰어요. 영국 정부의 석탄 산업 정책과 탄광 노동자들의 파업은 잉글랜드 북동부의 한 마을에 살던 소년의 삶을 바꿔 놓게 됩니다.

소년의 이름이 바로 '빌리 엘리어트'(제이미 벨 분)입니다. 빌리가 사는 동네는 대부분 주민이 탄광으로 먹고살아요. 그래서 빌리의 아빠 재키(게리 루이스 분)도, 형 토니(제이미 드레이븐 분)도 광부로 다 함께 파업에 나섰습니다. 탄광이 폐쇄되면 당장 일자리를 잃게 되니까요. 특히 젊은 형 토니는 파업의 주동자죠.

2000년 개봉한 〈빌리 엘리어트〉*Billy Elliot*는 정부의 결정이 개개인의 운명에 어떤 영향을 주는지 잘 보여 주는 영화입니다. 사회적 기여이자

자아실현의 수단으로서 '직업'의 의미를 다시금 생각해 보게 하는 작품이에요.

아직 어린 빌리는 '남자라면 이런 것을 배워야 한다'는 아빠의 권유로 복싱 체육관에 다닙니다. 그러던 어느 날, 탄광 노동조합 파업 회의에 교실을 내줬다면서 발레 수업이 복싱 체육관으로 자리를 옮겨 와 열리게 돼요. 그런데 이게 어찌 된 일일까요? 몰래 지켜본 발레 수업 장면이 빌리의 머릿속에서 떠나질 않죠. 복싱보다 훨씬 더 재밌습니다. 거울을 보며 턴 연습까지 따라 해 볼 지경이에요. 결국 빌리는 아빠와 형 몰래 발레 수업에 참여하게 되죠. 빌리의 재능을 알아본 발레 선생님 샌드라 윌킨슨(줄리 월터스 분)의 도움으로 말입니다.

발레를 만나지 못했다면 빌리도 당연한 듯이 탄광 노동자가 됐을 거예요. 탄광 폐쇄와 파업이 아니었다면 아빠와 형이 그랬듯 평생을 땅 밑에서 일했겠죠. 샌드라의 정성 어린 지도를 받으며 빌리는 실력을 쑥쑥 키워 갑니다. 어느덧 샌드라는 빌리에게 세계적으로 유명한 로열발레스쿨 입학시험을 권해요.

하지만 샌드라로부터 이야기를 들은 아빠 재키는 화를 크게 냅니다. 형 토니도 '남자가 무슨 발레냐'며 빌리를 혼내죠. 게다가 파업으로 탄광 노동조합과 정부의 대립은 더욱 극심해져서 마을 상황은 점점 더 안 좋아져요. 빌리의 집은 파업으로 임금을 받지 못해 하루하루 생계를 잇기도 힘듭니다. 파업을 주동한 형은 경찰에 쫓기는 신세가 되죠. 하지만 아빠는 결국 마음을 돌리고 빌리와 함께 런던으로 향해요. 런던에 갈 여비와 빌리의 뒷바라지를 위해 파업을 포기한 아빠는 '배신자'라는 비난 속에 탄광으로 일하러 갑니다. 빌리는 그렇게 발레의 꿈을 이뤄 가죠.

오랫동안 국가가 직접 운영하던 영국의 석탄 산업은 1990년대 중반에 민영화됐어요. 정부 소유의 주요 회사들이 모두 민간 기업으로 넘어갔습니다. 1980년대 중반부터 이뤄진 탄광 폐쇄와 인력 감축은 민영화의 시작이었던 셈이에요.

빌리의 아빠 재키는 아들의 뒷바라지를 위해 신념을 포기하고 동료들의 비난도 감수한 채, 곡괭이와 삽을 들고서 다시 땅속으로 들어가요. 형 토니는 동생의 미래를 축복하면서도 스스로 떠맡은 파업의 책임을 다하고자 거리에서 싸웁니다. 훗날 발레리노가 된 빌리는 아빠와 형이 객석에서 지켜보는 가운데, 무대 위 하늘로 높이 날아오르죠. 이렇게 각자의 자리는 '정치'라는 현실과 무관하지 않아요.

세상만사에 숨은 정치를 찾아라

정치, 역사를 보는 또 다른 시선

    일본과 중국의 '역사 왜곡'이 끊이지 않고 있어요. 현재 일본 학생들이 공부하는 역사와 지리 과목 교과서에선 우리나라 독도를 '다케시마'[竹島]라는 이름의 자국 영토라고 주장하죠. 일제강점기 조선인을 총칼로 위협하며 공장과 광산으로 동원해 강제로 노동을 시킨 일, 여성들을 '위안부'라는 이름으로 전쟁터에 끌고 다니며 인권을 짓밟은 일에 대해서도 일본 정부는 '강제가 아니었다'거나 '책임질 일이 없다'는 거짓으로 일관합니다. 어떤 정치인들은 일본의 식민 지배가 한국을 위한 것이었다는 해괴한 이야기도 버젓이 내뱉고요.

역사 왜곡이라면 중국도 만만찮습니다. 중국은 아시아에서 일어난 수많은 역사를 자기들 것으로 기록하는 작업을 이어 오고 있죠. 우리나라와 관련해선 '고조선이나 부여, 고구려, 발해 등의 문화와 역사도 기원은 중국에 있다'는 어처구니없는 주장을 계속 늘어놓고 있어요.

현재 중국이 동북쪽 국경 안에서 일어난 과거의 모든 일을 자국역사로 포함하려는 야욕을 가리켜 '동북 공정'(東北工程)이라고 부릅니다. 이에 따라 중국은 엄연히 입증된 한국사를 중국 변방의 역사로 둔갑시키려고 하죠. 심지어 김치도, 한복도 자기들 것이라고 우기는 주장까지 나왔습니다.

역사를 놓고서 벌이는 논쟁은 나라 사이에서만 이뤄지는 게 아니에요. 한 나라 안에서도 하나의 역사적 사건을 두고 서로 다른 시각이 치열하게 대결하는 일이 잦죠. 특히 격변의 현대사를 겪어 온 우리나라에서는 역사 논쟁이 더욱더 격렬했습니다. 시대가 흘러감에 따라 헌법과 교과서에 실리는 역사적 사건과 그 평가도 바뀌었어요. 긍정적이던 게 부정적으로, 부정적이던 게 긍정적으로 뒤집힌 역사도 상당하죠.

역사는 과거를 다루지만, 현재와 무관할 수 없습니다. 이를 영국의 역사가 E. H. 카(E. H. Carr)는 "역사란 현재와 과거 사이의 그칠 줄 모르는 대화"라고 표현했어요. 특히 역사는 시대에 따라 국가와 사회의 변화된 정치체제, 현재를 살아가는 국민의 정치적 관점을 반영하죠. 이번에는 역사와 정치의 관계를 구체적으로 살펴봅시다.

헌법, 달라진 역사의 기록

여러분도 우리나라 헌법 제1조 제1항은 "대한민국은 민주공화국이다."라는 사실을 잘 알 거예요. 그런데 숫자가 달려 제시되는 구체적 조문인 헌법 본문 앞에 '전문'(前文)이 자리한다는 것도 알고 있나요? 헌법 전문은 길게 이뤄진 하나의 문장인데 국가의 건국 정신과 목표·의무, 역사적 정통성과 헌법의 제정 원리를 담고 있어요. 이는 헌법의 맨 앞에 나올 뿐만 아니라, 모든 헌법 조항과 법률의 기준이 된다는 점에서 중요성을 지니죠.

우리나라 헌법은 1948년 제정된 이래 지금까지 총 아홉 차례 개정됐습니다. 현행 헌법은 1987년 10월 29일에 개정된 것으로, 다음과 같은 전문으로 시작해요.

유구한 역사와 전통에 빛나는 우리 대한 국민은 3·1운동으로 건립된 대한민국임시정부의 법통과 불의에 항거한 4·19 민주 이념을 계승하고, 조국의 민주개혁과 평화적 통일의 사명에 입각하여 정의·인도와

동포애로써 민족의 단결을 공고히 하고, 모든 사회적 폐습과 불의를 타파하며, 자율과 조화를 바탕으로 자유 민주적 기본 질서를 더욱 확고히 하여 정치·경제·사회·문화의 모든 영역에 있어서 각인의 기회를 균등히 하고, 능력을 최고도로 발휘하게 하며, 자유와 권리에 따르는 책임과 의무를 완수하게 하여, 안으로는 국민 생활의 균등한 향상을 기하고 밖으로는 항구적인 세계 평화와 인류 공영에 이바지함으로써 우리들과 우리들의 자손의 안전과 자유와 행복을 영원히 확보할 것을 다짐하면서 1948년 7월 12일에 제정되고 8차에 걸쳐 개정된 헌법을 이제 국회의 의결을 거쳐 국민투표에 의하여 개정한다.

헌법 전문은 그간 수차례 바뀌었고, 정부의 정통성을 언급하는 역사적 사건도 달라졌어요. 1948년 제헌 헌법 전문엔 "유구한 역사와 전통에 빛나는 우리들 대한 국민은 기미 삼일운동으로 대한민국을 건립하여 세계에 선포한 위대한 독립 정신을 계승하여 이제 민주 독립국가를 재건함"이라는 표현이 들어갔습니다. 여러분이 익히 알다시피 4·19혁명이 일어난 때는 1960년이니, 앞서 제정된 헌법엔 당연히 들어갈 수가 없었겠죠?

4·19혁명이 헌법 전문 내용에 담기게 된 건 1962년 12월 26일의 제5차 헌법 개정(개헌) 때예요. "유구한 역사와 전통에 빛나는 우리 대한 국민은 3·1운동의 숭고한 독립 정신을 계승하고 4·19의거와

5·16혁명 이념에 입각하여 새로운 민주공화국을 건설함"이라는 표현으로 전문이 바뀌었어요. 거기서 4·19혁명과 함께 5·16군사정변이 대한민국 발전의 중요한 역사적 사건으로 언급됐습니다.

하지만 1960년 4·19혁명은 이승만(대한민국 제1·2·3대 대통령, 재임 기간 1948~1960) 독재 정부를 무너뜨린 민주 시민 혁명이고, 1961년 5·16군사정변은 시민의 힘으로 세운 민주 정부를 일부 군인이 무력으로 장악한 일이에요. 매우 상반된 성격의 역사적 사건이죠. 사실 제5차 개헌은 군사 쿠데타 세력이 주도해 이뤄진 것으로, 이후 들어설 박정희(대한민국 제5·6·7·8·9대 대통령, 재임 기간 1963~1979) 군사독재 정부의 정당성을 확보하기 위한 작업이었습니다.

'5·16혁명'이라는 표현이 전문에서 빠진 건 1980년 10월 27일의 제8차 개헌 때인데 첫머리가 "유구한 민족사, 빛나는 문화, 그리고 평화 애호의 전통을 자랑하는 우리 대한 국민은 3·1운동의 숭고한 독립 정신을 계승하고 조국의 평화적 통일과 민족중흥의 역사적 사명에 입각한 제5민주공화국의 출발에 즈음하여"라고 바뀌었어요. 박정희 정부의 뒤를 이어 세워진 또 다른 군부독재 정부(전두환 정부, 1981~1987)가 정치적 정당화를 위해 '5·16혁명'을 빼는 대신, 자신들을 가리키는 제5공화국을 '제5민주공화국'이란 이름으로 헌법에 담은 것이죠. 민주 시민 혁명의 정신이 담긴 '4·19의거'라는 표현도 이때 사라졌답니다.

그 뒤 6월 민주 항쟁의 결과로 대통령 직선제가 도입된 1987년 제9차 개헌에 와서야 현재의 헌법 전문이 만들어졌습니다. '3·1운동으로 건립된 대한민국임시정부의 법통', '불의에 항거한 4·19 민주이념', '조국의 민주개혁'이란 표현이 담긴 건 시민의 힘 덕분이죠.

현재와 과거 사이의 대화

정치는 사회 내 다양한 개인과 집단의 이해를 대변하고 갈등을 조정함으로써 공동체를 통합·유지하며 발전시키는 일이에요. 어떤 개인과 집단의 주장이 다수의 지지를 얻는지, 어떤 원리로 서로 다른 견해와 이해를 조화시키는지, 어떤 방안이 공동체의 통합과 발전을 위한 사회적 합의로 선택되는지는 시대와 나라에 따라서 달라질 수밖에 없습니다.

결국 "역사란 현재와 과거 사이의 그칠 줄 모르는 대화"라고 할 때의 '현재'는 당대의 정치, 즉 해당 사회의 구성원 다수가 동의한 공동체의 조직 원리와 발전 방향을 가리켜요. 역사는 아주 단순하게는 과거에 대한 기록이지만, 무슨 역사적 사건을 어떻게 기록하고 기억할 것이냐의 문제는 당대 정치와 깊은 연관을 지닐 수밖에 없다는 뜻입니다.

이에 관해서 이탈리아의 철학자이자 역사가·정치가인 베네데토 크로체(Benedetto Croce)는 "모든 역사는 현재의 역사"라고 표현했습니다. 앞서 본 E. H. 카의 말과 의미가 크게 다르지 않죠. 한편 이탈리아계 군인 출신으로 프랑스 황제 자리까지 오른 정치가 나폴레옹 1세(Napoléon I, 재위 기간 1804~1814·1815)는 "역사란 사람들이 남기기로 동의한 역사적 사건"이라고 말했어요.

"역사는 승자에 의해 기록된다."라는 말도 전해져요. 영국의 총리를 두 차례(제42·44대)나 역임한 윈스턴 처칠(Winston L. S. Churchill, 재임 기간 1940~1945·1951~1955)의 표현이라고 하죠. 언뜻 이는 권력을 지닌 자가 역사를 맘대로 고쳐 기록할 수 있다는 말처럼 들리기도 합니다. 실제로 역사상엔 자기에게만 유리하게 기록하거나, 마음대로 역사를 새로이 정의하려 한 집권자·독재자가 적잖았으니까요. '5·16혁명'과 '제5민주공화국'을 스스로 헌법 전문에 넣어서 쿠데타와 군사독재를 정당화하려고 한 우리나라 과거 정치 세력처럼요.

그러나 "역사는 승자에 의해 기록된다."라는 말은, 개인이나 집단이 아무리 사실을 왜곡하려 해도 진실을 향해 가는 역사의 심판을 거스르진 못할 것이란 의미로도 풀이할 수 있어요. 결국은 역사에서 다수의 합의와 정의, 진실이 '승리'한다고 믿는다면 말이에요.

한때 '의거'로 불리던 '4·19'는 문민정부(김영삼 정부, 1993~1998) 수립 이후 우리 사회에서 '혁명'이라고 공식적으로 규정됐습니다.

『표준국어대사전』에 따르면 의거의 뜻은 "정의를 위하여 개인이나 집단이 의로운 일을 도모함"입니다. 한편 혁명은 "헌법의 범위를 벗어나 국가 기초, 사회제도, 경제 제도, 조직 따위를 근본적으로 고치는 일"이죠. 의거에서 혁명으로, 헌법 전문에 담긴 '4·19'에 대한 역사적 의미와 평가가 한층 격상된 거예요.

그에 반해 한때 '혁명'으로 칭송되던 '5·16'은 이제 교과서에서도 '군사 정변'으로 불립니다. 정변이란 "혁명이나 쿠데타 따위의 비합법적인 수단으로 생긴 정치상의 큰 변동"을 의미하죠. 또한 제5공화국의 군부독재 세력이 주도했던 1979년 '12·12 사건'도 '군사 반란', '군사 쿠데타'로 규정됐어요. 그리고 제5공화국에서 "극소수 불순분자와 폭도들의 난동(광주 사태)"으로 일컬어졌던 '5·18'은 마침내 민주화 운동으로서 정립됐고요.

현재 우리 사회는 1987년 개정돼 35년 이상 유지된 헌법을 다시 만들어야 하는 큰 숙제를 안고 있습니다. 시대 변화에 발맞춰 바꿔야 한다는 건데, 그런 논의 중 하나가 바로 5·18민주화운동 정신의 계승을 헌법 전문에 명시하는 사안이에요. 이는 지금의 여당이나 야당이나 모두 대체로 동의하는 것이죠. 헌법에 명시된 '역사'는 권위주의와 폭력 대신 평등과 평화로, 독재에서 민주주의로, 획일성 대신 다양성으로 변화된 우리 사회의 지향을 보여 줍니다. 시대에 따라 정치가 바뀌고, 정치에 따라 역사도 계속 새로이 쓰이고 있어요.

역사 왜곡을 넘어 공동의 미래로

이런 측면에서 일본과 중국의 역사 왜곡은 반시대적이고 퇴행적이며, 반민주주의적·반인류적인 행태라 지적할 만해요. 개방성과 다양성보다는 국수적 민족주의를 조장하며, 전쟁범죄 같은 과거의 악행을 합리화하고, 평화적 공존보단 대결주의를 추구하기 때문이죠.

일본과 중국의 역사 왜곡은 국제사회에서 영향력을 강화하려는 두 나라의 대외 전략과 각각 자국에서 집권을 연장하려는 통치자들의 야욕에 바탕을 둡니다. 결국 역사 왜곡 또한 정치와 밀접히 관련되는 현상인 셈이에요.

현재 일본은 전반적인 경제 침체와 정치에 대한 국민적 실망감 등 여러 어려움에 부닥쳐 있습니다. 그래서 일본 정부는 군사력과 방위력을 대대적으로 증강하고 '전쟁이 가능한 나라'로 자국 헌법을 바꿔 국가적 단결력을 키우려 하죠. 제2차세계대전을 일으킨 '전쟁범죄 국가'로서 일본은 독자적으로 전쟁을 수행할 수 없으며 군대도 가질 수 없다고 헌법에 명시돼 있는데, 이를 고쳐서 군사 대국이 되는 길을 열어 놓으려 하는 거예요. 그러니 자신들이 저지른 전쟁범죄에 대해 제대로 된 반성도 사과도 안 하는 겁니다.

중국 역시 현재 공산당이 장기 집권을 위해 안으로는 사회통제를 강화하는 한편, 밖으로는 미국과의 패권 경쟁에만 골몰하고 있어요.

이를 위한 수단 가운데 가장 중요한 게 중국 중심 사상을 국내외에 강요해 내부의 소수민족을 통제하고, 아시아에서 영향력을 키우는 것이죠. 우리나라 역사까지 자기들 역사의 일부로 편입하려는 '동북 공정'이나, 김치도 한복도 자신들에게서 기원했다는 주장이 그래서 나온 거예요.

주변 국가들의 역사 왜곡에 대해 우리는 과연 어떻게 대처해야 할까요? 먼저 그들의 역사 왜곡 저변에 깔린 정치적인 의도를 정확히 파악한 다음, 우리나라의 외교적 역량과 위상을 높여 나가야 합니다. 경제와 문화, 정치 등 다양한 부문에서 선도적인 역할을 계속해야 한다는 말이죠. 여러 국제기구에서 발언권과 영향력을 늘리고 기후 위기나 자연 재난, 코로나19 유행 등 전 지구적 문제에서 주도적인 역할을 맡아야 해요. 관광, 음악, 영상과 영화 등 문화 분야에서 지금과 같은 강력한 힘을 유지할 수 있도록 지원해야 하고요.

그와 함께 일본이나 중국의 독선적이고 자기중심적이며 폐쇄적인 역사관에 맞서, 미래 지향적이고 인류 보편적인 가치로 국제사회에서 호소력과 설득력을 키워야 합니다. 다양성과 민주주의, 인권, 평화 등의 가치로 주변국들과 상호 협력적인 관계를 만들 수 있도록 노력해야 하죠.

왜 어떤 정치는 차별과 혐오를 부추길까?

여기, 두 가지의 '불평등'이 있습니다. 첫 번째는 1950년대 중반까지 미국 남부 지역의 버스에서라면 당연하게 받아들여지던 불평등입니다. 그 당시 총 36개의 버스 좌석 가운데 앞쪽 10개는 백인석(White), 뒤쪽 10개는 유색인종석(Colored), 중간의 16개는 아무나 앉을 수 있는 자유석이었어요. 하지만 어느 좌석이든 우선권은 백인에게 있어서, 백인들이 많이 승차하면 이미 타 있던 다른 인종 사람들이 자리를 양보하거나 버스에서 내려야 했죠. 기차, 극장, 미용실, 병원, 수돗가, 식당, 학교, 호텔, 화장실은 물론이고 심지어는 교회나 신문 부고란, 장례식에서마저 백인과 유색인종이 분리되던 때예요.

1955년 미국 앨라배마주 몽고메리에서 일어난 버스 승차 거부 운동의 시작을 연 로자 파크스(Rosa L. M. Parks)라는 흑인 여성의 이야기를 여러분도 잘 알고 있을 겁니다. 파크스는 12월 1일 하루 일을 마치고 오후 6시에 버스를 탔어요. 그가 앉은 자리는 누구나 앉을 수 있는 자유석이었죠.

세 정거장을 지날 즈음, 백인 승객들이 버스에 올랐습니다. 백인 승객 몇 명이 자리가 없어 못 앉고 서 있게 되자, 백인 버스 기사는 '백인석'이라는 표지를 뒤로 옮기며 파크스에게 자리를 이동하라고 요구했어요. 파크스는 "일어나야 할 이유가 없다고 보는데요."라며 양보를 거부했고, 경찰에 체포돼 정식재판에 넘겨졌죠. 재판이 열린 12월 5일, 이때부터 흑인들은 불공평한 대우에 항의하며 버스 승차 거부 운동에 나섰고 이는 1960년대까지 이어진 흑인 민권운동의 시발점이 됐답니다.

두 번째는 오늘날 비행기 안에서 만나는 또 다른 '불평등'이에요. 바로 비행기 좌석 등급제입니다. 비행기엔 특정한 자격이 있지 않으면 옮겨 앉을 수 없는 엄격한 칸막이가 있어요. 다만 과거 미국 버스 속의 '백인석'과 '유색인종석'이란 말이 퍼스트 클래스, 비즈니스 클래스, 이코노미 클래스라는 새로운 이름으로 바뀌었을 뿐이죠.

승객들은 어떤 비행기 좌석에 앉느냐에 따라 제공받는 서비스가 달라집니다. 퍼스트 클래스 승객은 탑승 전까지 독립된 라운지에서 편히 휴식하다가 기나긴 줄도 서지 않고 먼저 탑승하고, 넓고 안락한 좌석에서 비행하며, 더 값비싼 음식을 대접받아요.

그런데 우리는 과거 미국 버스의 불평등에 대해서는 배격해야 마땅한 '차별'로 보지만, 여객기 안의 불평등을 두곤 부당하다거나 없애야 한다고 말하지 않습니다. 왜일까요? 서로 무엇이 다른 걸까요? 이번엔 차별과 불평등, 그리고 이를 극복하는 정치의 역할을 찬찬히 살펴보죠.

불평등을 둘러싼 차별과 차이

사람들은 모두 생각과 언행, 외모가 다릅니다. 어느 하나 똑같은 사람이 없어요. 거기엔 생물학적 성이나 인종처럼 태어날 때부터 정해져서 바꿀 수 없는 것도 있으며 문화나 성격, 이념, 종교처럼 살아가며 체득하는 것도 있습니다. 꺼리거나 좋아하는 음식, 미술, 영상, 음악, 패션 같은 기호와 취향 또한 사람마다 다르고요. 이렇듯 서로 달라 구별할 수 있는 특성을 '차이'라고 합니다.

차별은 차이와 완전히 달라요. '서로 다르다'는 현상만을 그대로 일컫는 말이 차이죠. 하지만 차별은 차이를 근거로 들면서 어떤 특정한 개인이나 집단에 불이익을 주는 것을 뜻합니다. 남녀 차별과 인종차별, 종교 차별 등이 대표적인 예입니다. 차이 그 자체는 불평등과 전혀 관계없지만, 차별은 차이를 이유로 들며 불평등한 제도나 체제를 강요해요. 개인이나 집단을 서열화된 등급으로 나누고 등급마다 서로 다른 권리와 의무를 적용하죠.

1950년대의 미국 버스처럼 앞쪽 좌석에는 백인을, 뒤엔 흑인을 태우는 게 대표적인 차별입니다. 그렇다면 똑같이 불평등하게 나뉜 비행기 좌석은 왜 사회적 의미의 차별이라고 부르지 않는 걸까요?

가장 중요한 판단 기준은 '기회균등'의 보장 여부예요. 흑백 분리 버스에서는 누구에게나 어느 자리에든 앉을 균등한 기회가 주어지지 않았습니다. 흑인은 어떤 노력을 하더라도 백인석에 앉을 수 없었죠. 유색인종석에 앉았더라도 백인들이 많이 타면 자리를 비켜야 했고요.

하지만 비행기 좌석은 백인이든 흑인이든, 남성이든 여성이든 정해진 돈만 낸다면 누구나 앉고 싶은 자리를 고를 수 있어요. 퍼스트 클래스의 서비스가 더 큰 비용을 기꺼이 들여서 받을 만한 것이라 생각하는지, 이렇게 큰돈을 쓰기엔 너무 아깝다고 여기는지는 개인에 따라 다릅니다. 돈을 더 내더라도 안락하게 비행하고 싶다는 사람이 있는가 하면, 그 비용을 아껴 다른 데 쓰겠다는 사람도 있어요.

물론 부자일수록 퍼스트 클래스를 이용하기가 훨씬 쉬울 겁니다. 또 퍼스트 클래스에 앉고는 싶지만, 여건상 그럴 수 없는 사람들도 있겠죠. 이런데도 비행기 좌석 등급제가 큰 항의 없이 받아들여지는 이유가 있어요. 바로 '돈을 벌 기회'는 누구에게나 똑같이 보장돼 있다는 데 사회적 합의가 존재하기 때문입니다. 그래서 버스의 인종별 좌석 구별은 없애야 할 불평등이지만, 여객기 좌석 등급제는 우리 사회가 보편적으로 받아들이는 불평등이죠.

차별과 정체성

흑백 분리 버스의 불평등은 평생 바꿀 수 없는 '정체성'을 기준으로 만들어졌어요. 인종은 개인이 자유롭게 선택할 수 없으니까요. 하지만 비행기 좌석 등급은 기본적으로 누구나 자유로이 고를 수 있는 겁니다. 개인의 취향과 경제적 능력에 따라서 선택하면 돼요.

물론 비행기 좌석 등급제엔 개인 취향보단 경제적 불평등이 더 크게 작용한다고 보는 사람도 있을 거예요. 퍼스트 클래스에 앉고 싶어도 못 타는 사람이 더 많다고 주장할 수도 있겠죠. 그러나 경제적 능력 또한 개인이 선택한 결과이며, 노력이나 능력의 대가라고 보는 게 현대 민주주의 사회와 시장경제 체제에서 대체로 합의된 전제입니다. 현대의 경제·정치체제는 모든 개인이 자유롭고 합리적인 선택을 한다는 발상을 바탕으로 이뤄졌어요. 따라서 비행기 좌석 등급을 가르는 개인의 경제력은 성이나 인종처럼 선천적인 것이라거나 평생 바꿀 수 없는 게 아닌, 자신의 노력과 의지에 따라 변화시킬 수 있는 것이라고 봅니다.

정체성이란 '나는 누구인가?'라는 질문에 대해 스스로 내놓는 답이에요. 타인과 구별되는 어떤 사람만의 특성을 뜻하죠. 한 사람의 정체성은 성, 신체, 인종 같은 선천적 자질이나 신념, 종교, 문화적 취향 같은 후천적인 여러 요소가 복합된 겁니다.

다시 말해 차별은 어떤 사람이 특정한 정체성을 지녔다고 해서 균등한 기회를 보장하지 않는 행위라 할 수 있어요. 흑인이라는 이유로, 여성이란 이유로 좋은 자리에 앉을 기회나 원하는 직장에 취업할 기회를 가질 수 없다면 이게 바로 차별이죠.

민주주의 역사는 '제도화된 차별'을 철폐해 온 과정이었다고 볼 수 있답니다. 노예제나 봉건제 시대는 신분에 따른 차별이 당연한 사회였어요. 그러다 시민혁명으로 신분제가 붕괴하고, 민주주의가 보편화됐죠. 하지만 20세기에 이르기까지 여성과 흑인은 정치적 권리를 제대로 못 누렸습니다. 여성참정권의 완전한 보장은 미국에선 1920년, 영국에선 1928년, 프랑스에선 1944년에나 이뤄졌답니다. 미국에선 1965년에야 흑인들이 참정권의 법적 보호를 받았고요.

우리나라도 신분제 사회였던 조선 시대와 민족 차별의 아픔을 겪은 일제강점기를 지나 1948년 민주주의 헌법을 제정하며 비로소

차별을 금지하고 모든 국민의 평등한 권리 보장을 명문화했습니다. "모든 국민은 법 앞에 평등하다. 누구든지 성별·종교 또는 사회적 신분에 의하여 정치적·경제적·사회적·문화적 생활의 모든 영역에 있어서 차별을 받지 아니한다."라는 오늘날 헌법 제11조 제1항의 내용은 문구만 약간 달라졌을 뿐 이미 1948년에 만들어진 것이죠.

증오를 만드는 정치, 차별을 없애는 정치

물론 지금도 일부 국가엔 여전히 봉건적인 차별이 존재합니다. 자유로이 외출이나 학업, 결혼, 취업을 못 하도록 여성의 사회 활동을 엄격히 금지하는 나라가 대표적이에요. 인종이나 종교에 따라 권리를 제한하는 나라도 있고요.

하지만 대다수 국가는 민주주의를 채택하고, 제도적인 차별을 하나씩 없애 왔습니다. 이제는 누구에게나 균등한 권리와 기회를 당연히 부여해야 한다는 생각이 보편화했죠.

그런데 왜 과거엔 '차별'이 사회제도로 당연하게 인정됐을까요? 바로 '차별'로 이득을 보는 사람들이 있고, 대개 그들은 사회를 지배하는 세력이었기 때문입니다. 남성이 지배하는 사회에선 여성을 차별했고, 백인이 주류인 사회에선 유색인종을 불평등하게 대우했죠.

일제강점기에는 일본 군국주의의 이익을 위해 조선인이 극심한 차별을 받았어요.

이제 민주주의 제도가 잘 정착하고 인권 평등 사상이 보편화됐지만, 지금도 여전히 차별이 문제입니다. 물론 과거와는 양상이 달라졌죠. 과거에는 제도적인 차별이 문제였다면 이젠 극단적 정치 세력이 부추기는 차별과 생활 속 차별이, 많은 국가에서 사회 갈등과 병리 현상으로 나타나고 있답니다.

대표적인 예가 최근 몇 년간 미국 전역에서 잇따라 일어난 사건들이에요. 무고한 시민이 흑인이란 이유로 경찰과 공권력에 의해 살해되거나 범죄자로 몰리는 일들이 발생하면서, 미국에선 이에 항의하는 '흑인의 생명도 소중하다'(Black Lives Matter) 운동이 펼쳐졌습니다. 한편 아시아계 시민들을 향한 인종 혐오 테러 사건들이 벌어지기도 했죠.

왜 차별은 끊이지 않을까요? 바로 차별이 '정체성'과 관련 있다는 사실과, 차별로 이득을 보는 세력이나 집단이 존재한다는 점 때문입니다. 또 사회의 여러 불평등 때문에 고통받는 사람들이 특정 계층이나 집단을 표적으로 삼아서, 분노와 적개심을 표출하며 공격하는 현상 때문이기도 해요.

어떤 정치 세력은 사회 불평등이 심화하며 부채나 빈곤, 실업 등 여러 이유로 고통받는 사람들의 불만을 이용해서 권력을 차지하려

합니다. 그때 쉽게 사용하는 전략이 특정 집단의 정체성을 공격하는 것이죠. 특정한 민족, 성, 세대, 인종 탓에 불공정과 불평등이 빚어지고 범죄가 일어난다며 대중을 선동해 갈등을 조장하는 거예요.

이들은 표적이 되는 사람들에 대해 증오와 혐오를 부추깁니다. 불공정이나 불평등을 낳는 사회문제를 냉철하고 진지하게 들여다보며 원인을 따지기보단 특정 집단의 탓으로 돌리는 것이죠. 그래서 이들은 특정한 정체성을 지닌 집단에 우월감이나 피해 의식을 불어넣고 경쟁 집단엔 분노와 편견을 부추겨요. 최근에는 이런 일들이 국가 간, 남녀 간, 민족 간, 세대 간에 특히 많이 나타납니다.

증오와 혐오를 부추기는 정치를 막기 위해선, 차별과 편 가르기를 통해 이익을 얻는 세력이 누구인지 헤아리는 지혜가 필요합니다. 불공정과 불평등을 낳은 사회문제의 원인을 세심히 규명하고 이 문제들을 개선하는 현명한 대책 또한 중요해요. 갈등과 증오, 혐오를 부추기는 가짜 뉴스도 경계해야 하죠. 그리고 무엇보다 사회적 약자에게 보편적 권리를 보장함으로써 기회균등을 실현하는 것이 민주정치의 가장 중요한 목표 가운데 하나라는 사실을 결코 잊어선 안 됩니다.

남과 북,
해피 엔딩을 위하여

"눈감기 전에 북에 두고 온 형제자매를 만나 봤으면…."

"한 번이라도 고향 땅을 다시 밟아 봤으면…."

2023년은 6·25전쟁이 멈춘 지 70년째가 되는 해예요. 1950년 6월 25일 북한의 침략으로 발발해서 1953년 7월 27일에야 정전 협정을 통해 중단된 6·25전쟁은 우리 현대사의 커다란 비극이죠. 국토 곳곳이 파괴됐고, 남북을 합쳐 수백만 명이 죽거나 다쳤으며, 많은 가족이 뿔뿔이 헤어져야 했어요. 전쟁 이후 70년이 흐르도록 고향에 돌아가지 못한 어르신들, 헤어진 가족이 그리워서 매일 밤

눈물을 적시는 이산가족이 적잖습니다. 이들의 한 맺힌 절규가 가슴에 절절히 사무치죠.

그뿐만이 아니에요. 비극은 과거 역사로만 끝나지 않았습니다. 남북 분단과 대결의 현실은 현재진행형이죠. 지금껏 양측은 최소한의 교류와 왕래조차 하지 않는 건 물론, 서로를 향해 무한한 군사 경쟁을 벌이고 있어요. 북한은 미사일과 핵무기로 우리를 위협합니다. 우리 역시 북한의 도발을 막아 낼 막강한 방어력을 갖추기 위해 온갖 노력을 기울입니다. 남과 북은 서로 더 강한 전투력을 확보하고 더 많은 무기를 지니기 위해 막대한 물적·인적 자원을 꾸준히 투입 중이에요.

국제사회에서도 남북은 서로를 견제하며 외교 대결을 벌입니다. 특히 한국은 미국·일본과, 북한은 중국·러시아와 군사·안보 협력을 이어 가며 경쟁하죠. 사실상 양편으로 나뉜 진영 간 대결로 한반도와 국제사회의 긴장이 높아지고 있어요.

만약 남북이 경쟁하고 대결하기 위해 동원하는 물적·인적 자원과 경제력·군사력·외교력을, 서로 교류하고 협력하며 발전하는 데 사용한다면 얼마나 좋을까요? 왜 그리 남과 북은 싸워야만 할까요? 소모적인 경쟁과 대결을 끝낼 순 없는 걸까요? 남북 관계가 언젠간 '해피 엔딩'이 될 수 있을까요? 이번엔 평화와 화해를 향해 우리 함께 나아가야 하는 이유를 한번 생각해 봅시다.

멈췄으나 끝나지 않은 전쟁

여러분은 지금 남과 북이 공식적으로 전쟁을 끝낸 게 아닌, 일시 중단만 한 상태라는 사실을 알고 있나요? 6·25전쟁을 계속하지 않기로 한 국제적 약속은 1953년 7월 27일 이뤄진 '정전협정'입니다. 정전협정은 '전쟁을 정지하기로 한 국제적 약속'이란 의미죠. 서로 병력을 동원해 대포와 총을 쏘고 폭탄을 퍼붓는 식의 직접적인 적대 행위는 일시적으로 멈추지만, 전쟁 상황은 이어진다는 말이에요. 정전은 전쟁을 잠깐 쉰다는 뜻의 '휴전'과 똑같은 의미거든요. 그래서 정전협정이 체결된 뒤 남북한 사이엔 군사분계선과 비무장지대가 설치됐는데, 한반도의 허리를 가로지르는 군사분계선을 '휴전선'이라고도 불러요.

싸움은 멈췄지만, 전쟁은 계속된다는 정전협정. 이것만큼 오늘날 한반도 상황을 상징적으로 보여 주는 게 또 있을까요? 말하자면 남과 북은 '총성 없는 전쟁'을 이어 오고 있는 셈입니다.

6·25전쟁은 북한이 남한을 침략함으로써 시작됐어요. 전쟁을 일으킨 쪽의 목적은 상대의 체제를 무너뜨리고 영토를 완전히 정복하는 것이죠. 그 당시 우리는 북한의 공격을 스스로 방어할 능력을 못 갖췄습니다. 이에 세계 여러 나라의 도움으로 구성된 유엔군과 함께 북한에 맞서 싸웠어요. 그러나 유엔군의 참전으로 전세가 역전되자,

이번엔 중국공산당군(중공군)이 북한군을 지원하며 대대적인 반격에 나섰죠. 이렇게 서로 밀고 당기다가 정전협정이 체결된 겁니다. 정전협정은 미군이 총사령관을 맡은 유엔군과 북한·중공군 사이에서 이뤄졌고요.

그러니 전쟁이 완전히 끝나지 않는 한 남과 북은 서로 위협적인 존재일 수밖에 없습니다. 우리로서는 북한이 언제 또 쳐들어올지 알 수 없죠. 실제로 북한은 정전 이후 수십 년 동안 끊임없이 우리에게 노골적 비난을 퍼부었어요. 우리 군을 향해 포격과 총격을 한 일도 적잖습니다. 심지어 우리와 미국을 겨냥한 미사일 발사와 핵무기 실험까지 하고 있죠.

이러면서도 북한은 수시로 적반하장 격의 주장을 내뱉어요. 한국과 미국이 자신들의 체제를 위협한다고 강변합니다. 왜 그럴까요? 자기들의 군사 도발과 무력 강화, 특히 핵무기 개발을 정당화하기 위해서죠. 또 남북 경제력의 엄청난 격차와 한미 군사동맹을 두려워하기 때문입니다. 북한이 외부 세계에 문을 닫아걸고, 시대착오적인 낡은 규율과 사상으로 주민들을 통제하는 까닭도 이 때문이에요.

그렇게 남북이 서로를 공포와 위협의 대상으로 여기고 있으니, 군사 경쟁과 체재 대결이 쉽게 끝날 리 없어요. 이에 더해 남북을 가로지르는 군사분계선은 국제사회에서 한국, 미국, 일본 등 자유민주주의 진영과 북한, 중국, 러시아 등 구(舊)사회주의권이 맞부딪치는 최전선이 됐습니다. 특히 미국과 중국 사이의 경쟁과 대결이 한층 격해지면서 남북 간의 관계 개선은 더욱 어려워져 가죠.

대결과 분단이 낳은 고통과 희생

남북 주민들의 고통은 6·25전쟁으로만 끝난 게 아닙니다. 정전 이후에도 남북한 주민들은 수십 년간 대결과 분단의 대가를 감내해야 했어요. 남북 모두 국가적으로 막대한 경제적·사회적 비용을 치러야 했답니다.

먼저 북한 주민들은 극심하게 통제되고 폐쇄된 사회에서 살아왔으며, 지금도 그렇습니다. 우리 국민도 민주화 이전까지 군사독재 정권 치하에서 '반공주의'라는 명분 아래 오랫동안 인권과 자유를 희생해야 했죠. 남북한 정부가 서로에 대한 위협 속에서 체제를 유지하고자 국민의 삶을 통제했기 때문이에요.

북한은 김일성 – 김정일 – 김정은으로 이어지는 3대 세습 지배 체제를 구축하며, 지도자를 보통·평등·직접·비밀선거로 뽑는 현대 민주주의 제도를 사실상 부정합니다. 실질적으로 최고 지도자 한 사람이 나랏일을 결정하고 국민을 통치하는 '1인 독재 체제'죠. 그런 상태에서 주민들은 외부 세계의 정보와 철저히 차단된 채 살아갑니다.

신격화되고 우상화된 최고 지도자의 지배를 강요받으면서요. 자유로운 일상과 경제활동은 꿈도 꿀 수 없죠. 현재도 K-팝을 듣거나 외국 문화를 제대로 즐길 수 없습니다. 정부를 비판하는 목소리를 냈다간 끔찍한 처벌을 받을 수도 있고요.

정도는 다르겠지만 우리에게도 사상이 통제되고, 인권이 유린당한 수십 년간의 역사가 있어요. 정상적인 예술·정치·학문 활동이 사회나 정부에 비판적이라는 이유만으로 '적(북한)을 이롭게 한다'며 금지됐고, 처벌이 이뤄졌죠. 군사독재와 정부의 부정이나 비리 또한 '북한 공산주의의 위협을 막기 위해서'라며 정당화됐습니다. 청년이면 모두 가야 하는 군대에선 병사들의 인권이 무시되기 일쑤였어요. 6·25전쟁 때부터 1980년대까지 계속된 일이죠. 국가권력의 통제와 폭력 아래 일어났지만, 지금껏 규명되지 못한 사건이 넘쳐 납니다. 과거 사건으로 후유증을 앓는 희생자도 여전히 많아요.

분단으로 생긴 갈등은 우리 사회 내부에서도 큽니다. 오늘날에도 남북 대치와 분단 상황에서 비롯되는 우리 사회의 갈등이 적잖죠. 해방 이후 남과 북이 갈리게 된 건 '식민지에서 벗어나 어떻게 새로운 국가 체제를 만들어야 하느냐?'라는 문제 때문이었어요. 그 당시 우리 사회는 미국이나 서유럽 같은 자유민주주의를 요구하는 진영과 소련이나 중국 같은 공산주의·사회주의를 신봉하는 세력으로 나뉘었고, 결국 남과 북엔 서로 다른 체제의 사회가 들어섰습니다.

민주주의 사회에선 헌법과 법률에 기반해 서로 다른 사상과 정치노선이 경쟁하고 대결하는 게 당연한 일이에요. 이는 꼭 필요한 일이기도 하죠. 서로 다른 존재를 받아들이면서 대화와 타협으로 최선의 합의를 도모하는 게 민주주의니까요. 그런데 6·25전쟁이라는 비극적 역사 탓에 우리 사회에선 서로 다른 사상이나 정치 노선을 용납 못 한 채 서로를 배제하고 심지어 없애 버리려는 풍토가 만연해졌습니다. 이념으로 나뉜 진영 간 유혈전을 치른 트라우마가 만들어 낸 왜곡된 사회현상이자 정치 문화죠. 정당 간, 진영 간에 건강한 경쟁이 이뤄지지 못하고 서로를 "독재 세력"과 "친북 세력"으로 비난하며 충돌하는 갈등은 오랫동안 이어졌고 지금도 여전해요.

지난 70년간 남북은 분단에 따른 막대한 경제적·사회적 비용을 치러 왔습니다. 이는 서로 평화로운 관계였다면, 하나의 나라였다면 쓰지 않아도 됐을 비용이에요. 남북이 오로지 서로를 견제하고 서로를 향한 위협에 대비하기 위해 투입한 경제적·사회적 자원이 너무 많다는 뜻이죠. 오늘날 한반도는 남북 국민의 삶이 개선되고, 더 행복해지는 데 쓸 자원을 '기회비용'으로 치르고 있는 셈입니다.

군사 경쟁이 대표적이에요. 북한은 경제가 날로 낙후하며 주민들은 굶주리는데, 국가는 엄청난 돈을 퍼부으면서 미사일과 핵무기 개발에 여념이 없죠. 우리도 북한 위협에 대비하고자 매년 많은 국방비를 지출합니다. 또한 청년들은 의무적으로 군대에 가야만 하고요.

군사적으로뿐만 아니라 사회 각 분야에도 북한 위협에 대비한 여러 대책과 제도가 마련돼 있습니다. 거기에도 커다란 노력이 들어가요. 많은 설비·장치가 필요하고, 많은 예산이 들어가며, 많은 인력이 투입됩니다. 무엇보다 이는 많은 시간을 투자해야 하는 일이죠.

남과 북은 왜 화해해야 할까?

그런 사실로부터 우리가 지향해야 할 남북 관계의 모습을 알 수 있어요. 남과 북은 서로를 향한 적대 행위를 끝내고 전쟁을 완전히 종결해 평화와 화해의 시대로 나아가야 합니다. 앞서 봤듯 대결과 분단에 따른 고통과 비용이 너무나도 크기 때문이죠. 남과 북 모두 더 행복해질 기회를 대결과 분단으로 포기해 왔으며, 지금도 큰 희생을 치르고 있기 때문이에요.

이처럼 남과 북이 싸움을 그만두고 화해해야 한다는 데는 누구도 반대할 사람이 없을 겁니다. 꼭 남북이 아니고 그 어떤 나라 사이더라도 평화를 추구하길 바라는 건 당연하니까요.

하지만 남과 북은 '통일'을 지향해야 할 특별한 이유가 있습니다. 먼저 역사적 이유죠. 남북한은 1,000년 이상 한반도에서 통일 국가로 살아온 역사를 공유해요. 통일신라부터 고려, 조선에 이르기까지 한반도에는 통일 국가가 존재했으며 분단 70여 년을 포함해 여러 나라로 쪼개진 역사는 잠시뿐입니다. 그런 역사적 바탕 위에 남북은 언어적·문화적·혈연적 동질성도 지니죠. 우리가 쓰는 언어와 우리가 계승하고 발전시킨 문화, 우리가 갖춘 혈연적 특성은 세계적으로 보면 '소수'이지만 날로 중요성을 더하고 있어요. 남북이 함께한다면 우리의 문화와 역사는 인류의 더 큰 자산이 될 수 있을 겁니다.

통일의 필요성은 과거에만 있지 않아요. 좀 더 멀리 내다보면 미래를 위해서도 남북이 공동 번영할 가장 좋은 길은 통일이죠. 남북이 하나의 나라가 되고 더욱 큰 생산능력과 시장을 갖게 된다면 미래 세대에게 더 많은 기회와 풍요가 주어질 테니까요.

또한 통일은 평화와 화해를 통해 달성해야 하는 목표일 뿐만 아니라, 영구적인 평화와 화해에 이를 수 있는 수단입니다. 두 나라로 쪼개진 상태가 계속된다는 말은 전쟁이 아니더라도 늘 경쟁과 대결의 관계에 놓일 수밖에 없다는 의미거든요.

더구나 남북 관계는 한반도를 둘러싼 강대국들의 이해와 복잡하게 얽혀 왔어요. 이 때문에 우리의 의지보다는 강대국들의 이해가 한반도 운명에 결정적인 영향을 미치곤 했습니다. 어떤 때는 강대국들의 이익을 위해 우리가 희생을 강요당하기도 했죠. 통일은 전쟁 가능성을 차단하고 영속적인 평화를 보장할 뿐 아니라, 한반도에서 우리가 스스로 운명을 결정지을 주체적 힘을 키우게 할 거예요.

물론 통일로 향해 가는 길이 쉽지만은 않을 겁니다. 통일은 마냥 희망적인 '장밋빛 미래'만을 보장하지 않죠. 더 큰 갈등과 분열의 시작일 수도 있어요. 왜냐하면 남북 간 경제적 격차는 이미 크게 벌어져 있고, 주민 삶의 수준도 매우 다르며, 문화와 정치사상 등의 이질성 역시 점점 심화하고 있기 때문입니다. 남북 사이에 평화를 정착하고, 상호 번영의 관계로 발전시키기 위해선 그 점을 꼭 염두에 둬야 하고 반드시 극복해야 하죠.

평화통일로 가는 길엔 여러 시련과 역사적 도전이 있을 거예요. 하지만 더 길고 오랜 미래, 앞으로도 이 땅에서 살아갈 후세대들을 위해선 결코 포기할 수 없는 길입니다.

우주에서도 정치를 한다고?

　2022년 6월 21일, 우리나라가 국내 기술로 만든 로켓을 우주로 쏘아 올리는 데 성공했습니다. 한국형 우주 발사체 누리호(Nuri)가 고도 700km까지 날아올라, 지상에서 싣고 간 1.5t의 위성(모형)을 궤도에 안착시키는 데 드디어 성공한 것이죠. 이로써 한국은 자국 기술로 1t 이상의 실용위성을 발사하는 능력을 갖춘 일곱 번째 나라가 됐어요. 그뿐만이 아니에요. 한국 최초의 달 궤도 탐사선인 다누리호(Danuri)는 달을 따라 돌면서 열심히 지구와 달, 우주 사진을 찍어 보내오고 있죠. 2022년 8월 5일 발사된 다누리호는, 145일 만인 12월 27일 달 궤도에 안착해 순조롭게 임무를 수행 중이랍니다.

우주로 로켓을 쏘아 올리는 능력과 위성·탐사선을 우주 공간에 머물게 하며 관측할 수 있는 기술을 갖추게 됐으니, 이제 한국 또한 '우주 대항해 시대'를 향해 본격적인 걸음을 뗀 셈이에요. 현재 우리나라는 '2030년대 초반 무인 달 착륙에 성공한다'는 목표를 세우고 관련 기술을 개발 중이죠.

오늘날 전 세계에서 우주를 향한 경쟁과 도전이 더 치열해지고 있습니다. 인류의 기술은 영화에서만 보던 '우주여행'이 가능한 수준에까지 이르렀어요. 이미 미국의 버진걸랙틱(Virgin Galactic), 블루 오리진(Blue Origin), 스페이스X(SpaceX) 등 민간 기업이 관광객을 우주선에 태워서 대기권 밖으로 여행하고 돌아왔죠. 아직은 돈이 굉장히 많이 드는 일이고 아주 일부의 사람만 경험할 수 있지만, 달과 화성쯤이야 쉽게 다녀올 '인류의 미래'를 보여 주기엔 충분했답니다.

민간 우주여행은 과거 소련이 세계 최초의 인공위성 스푸트니크 1호(Sputnik 1)를 1957년 10월 4일 고도 215km 궤도에 성공적으로 올려놓은 때로부터 채 70년도 안 돼서 벌어진 일이에요. 그동안 인류는 우주 시대를 향해 대담하고 놀라운 도전을 이어 왔으며 세계 각국은 더 먼저, 더 높이, 더 멀리 날아오르기 위한 경쟁을 거듭했죠.

왜 인류는 우주로 날아가려는 모험을 펼쳤을까요? 각국 정부는 왜 국가의 명운을 걸고 우주 사업에 뛰어들었을까요? 우주개발과 정치는 과연 어떤 관계일까요?

체제 경쟁으로 시작된 우주개발

"스푸트니크 1호의 성공은 소련의 위대한 승리다.
소련 사회주의 체제가 훨씬 우월하다는 점을 확실하고도
생생하게 보여 준 것이다."

이는 스푸트니크 1호의 발사 성공 직후, 당시 소련공산당 기관지이던 《프라브다》*Pravda*의 평가입니다. 그처럼 20세기 우주개발은 공산주의·사회주의 및 계획경제를 표방하는 소련과 자유민주주의 및 시장경제를 대표하는 미국 사이의 체제 경쟁으로 시작됐죠. 우주 항공 기술이 어느 체제가 더 우월한지를 증명하는 가늠자였던 거예요.

미국과 소련은 제2차세계대전에서 연합국의 일원으로 서로 손잡고 독일·이탈리아·일본 제국주의와 맞서 싸웠지만, 종전 이후 각각 자유민주주의와 공산주의 진영을 이끄는 나라로 전 세계를 양분하다시피 하며 대결했습니다. 그래서 제2차세계대전 종전 직후부터 1990년대 초반 소련이 해체돼 러시아로 회귀하기까지 40여 년간을 미국과 소련이 대결한 '이데올로기 시대', '냉전 시대'라고 부르죠. 이러니 '누가 먼저 우주선을 쏘아 올리고 우주인을 보내느냐'는 미국과 소련, 자유민주주의 진영과 공산주의 진영 중 어느 곳이 더 우월하며 누가 더 강한지를 보여 주는 일이었던 겁니다.

소련의 인공위성 발사 성공은 미국 사회 전반에 엄청난 충격을 줬어요. 이에 미국은 소련의 스푸트니크 1호 발사 이듬해인 1958년 7월 29일 항공우주국(NASA)을 만들고 국가의 운명을 건 우주 경쟁에 나섰죠. 그렇지만 1961년 4월 12일, 또 일격을 당합니다. 소련이 유리 가가린(Yurii A. Gagarin)을 태운 인류 최초의 유인우주선 보스토크 1호(Vostok 1)를 발사했거든요.

연이어 소련에 자존심을 구긴 미국은 달 탐사 도전을 선언하고 나섭니다. 1961년 5월 25일, 미국 제35대 대통령 존 F. 케네디(John F. Kennedy, 재임 기간 1961~1963)는 의회에서 "온갖 어려움과 막대한 비용을 감수"하고서라도 "인간이 달에 착륙한 뒤 무사히 지구로 귀환하는" 계획을 성공시킬 것이라 밝혔죠. 이 무모해 보이는 도전은 8년 뒤 현실이 됐어요. 1969년 7월 20일, 우주 비행사 닐 암스트롱(Neil A. Armstrong) 등을 태운 아폴로 11호(Apollo 11)가 인류 최초로 달 착륙에 성공한 겁니다.

인류 첫 번째 인공위성과 유인우주선을 띄운 나라는 소련이에요. 경쟁에 뒤진 미국민들이 느낀 감정은 패배감만이 아니었죠. 바로 공포와 불안이었습니다. 우주에 뜬 소련의 인공위성이 언제든 미국을 내려다보고 있었기 때문이에요. 소련의 로켓이 우주로 날아올랐듯, 핵탄두를 장착한 소련 미사일이 미국을 공격할 수도 있었죠. 우주 기술 발전은 미지의 세계를 향한 인류의 위대한 도전일 뿐 아니라,

현실적으로는 국가의 존망이 걸린 군사 경쟁의 일환이었던 겁니다. 소련에 한발 늦은 미국이 서둘러 달 착륙에 도전한 까닭도 그 때문입니다.

최근 미국은 육해공군과는 별도로 '우주군'(Space Force)을 창설했어요. 국가 방위의 범위를 우주로 넓혀서 독자적 임무를 수행할 군대를 만든 것이죠. 러시아와 프랑스는 별도의 군대를 추가하진 않았지만, 기존 공군의 명칭을 '항공 우주군'으로 바꾸면서 임무의 범위를 넓혔습니다. 중국은 군에 우주 관련 임무를 수행할 조직을 뒀고, 우리나라 또한 공군에 우주 관련 작전부대가 있어요. 이제 우주에서 벌어지는 총성 없는 전쟁, 그야말로 '스타워즈'(Star Wars) 시대가 펼쳐지게 된 것이죠.

새로운 자원과 기지, 네트워크를 향해

우주개발은 체제 경쟁과 군사력 대결로 시작됐지만 요즘에는 경제적 중요성이 더 주목받습니다. 특히 세계경제의 패권을 두고 다투는 두 나라, 미국과 중국의 경쟁은 그 불똥이 우주로까지 옮겨붙었어요. 중국은 러시아와 미국에 이어서 최근 우주 강국으로 급부상했답니다.

미국과 중국 두 나라가 가장 심혈을 기울이는 우주개발 분야는 달 탐사예요. 현재 미국은 2024년에 여성 우주인을 최초로 달까지 보내는 '아르테미스 계획'(Artemis program)을 추진 중이죠. 아르테미스 계획은 1972년 12월 11일 아폴로 17호(Apollo 17)의 마지막 유인 달 착륙 이후 50여 년 만에 우주인을 달로 보내기 위해 미국항공우주국 주도로 꾸려진, 국제적인 달 탐사 프로젝트입니다. 거기에는 우리나라 과학기술정보통신부를 비롯한 20여 개국의 우주개발 기관과 기업이 참여해요. 이 계획은 달 탐사뿐만 아니라 화성, 혜성, 소행성의 탐사 및 이용에 대한 협력을 모두 포함한 것이라 우주 자원의 활용으로 이어질지 기대를 모으고 있습니다.

중국 역시 달 탐사에 박차를 가하고 있어요. 2019년 1월 3일엔 무인 우주선 창어 4호(Chang'e 4)가 세계 최초로 달 뒷면에 착륙하는 데 성공했죠. 달 토양 위에 온실을 만들어 식물을 심는 등 자원 개발과 채취가 주목적이었습니다. 2022년 말까지 중국은 열 차례나 유인우주선 발사에 성공했고 독자적인 우주정거장 톈궁(Tiangong)도 완공했어요. 우주정거장을 통해 달까지의 우주 비행은 물론, 달 표면에서 생활하는 데 필요한 생존 기술을 확보한 다음 2025년 본격적으로 달에 진출한다는 계획이죠. 또 2033년에는 화성으로 우주인을 보내고, 2035년까지는 러시아와 함께 달의 남극에 연구 기지를 건설하겠다고 해요.

한편 유럽 국가들은 달 궤도에 인공위성망을 구축해 통합적 네트워크를 제공하는 프로젝트, 일명 '달빛 구상'(Moonlight initiative)을 추진 중입니다. 이처럼 세계 각국이 달 탐사 등 우주개발에 열을 올리는 이유는 새로운 자원과 기지, 네트워크의 확보 때문이죠.

기술 안보와 국제정치

우주개발은 힘의 논리에 기반한 경쟁과, 공존·협력이라는 국제정치의 원리가 그대로 투영되고 적용되는 분야예요. 사실 우주는 누구의 것도 아니며, 누구도 독점할 수 없는 곳입니다. 하지만 아무나 접근할 수 있는 곳도 아니죠. 과학기술력·군사력을 지닌 강대국만 우주 공간을 이용할 수 있어요. 이게 바로 지금까지의 우주개발 경쟁이 미국과 러시아, 중국, 유럽 국가 등 강대국들 중심으로 이뤄진 이유입니다.

아울러 우주 항공 분야는 현대가 '기술 안보의 시대'임을 보여 주는 대표적 사례라 할 수 있습니다. 기술 안보의 시대란 '과학과 자원이 곧 국가 안보와 직결되는 시대'라는 뜻이죠. 병력이나 총칼 같은 무력이 국방력의 전부이던 시대는 가고 오늘날엔 과학기술, 자원, 정보가 국가 안보의 근본을 이뤄요. 현재 미국 정부는 중국의 정보

통신 산업이나 에너지자원 분야의 자국 진출을 아주 엄격히 규제하는데, 그 이유는 경제적 불공정 행위 때문만이 아니라 국가 안보상의 위협 탓이랍니다.

누리호와 다누리호를 우리만의 기술로 만들어서 쏘아 올린 까닭도 기술 안보 때문이에요. 우주 기술은 막대한 경제적 가치와 함께 군사적 중요성을 띠는 탓에 국가들끼리 극도의 보안 속에서 개발 경쟁을 펼치는 분야죠. 돈이 아무리 많아도 다른 나라로부터 쉽게 기술을 배우거나 제품을 사 올 수가 없습니다.

하지만 우주개발은 어느 한 나라만의 노력으로는 한계가 뚜렷한, 인류 공동의 협력이 필요한 분야이기도 해요. 오늘날 더 많은 국가가 우주로 진출하기 위해 노력하는 만큼, 공정하게 경쟁할 수 있도록 국제 규범을 만드는 일도 중요하죠.

실제로 소련이 스푸트니크 1호를 쏘아 올린 때로부터 10년이 지난 1967년, 유엔은 우주에 관한 국제법이라 할 '우주 조약'(Outer Space Treaty)을 마련했습니다. 우주 활동은 전 인류를 위한 것이어야 하며, 우주는 어느 한 나라의 소유일 수 없고, 어떤 나라든 자유로이 우주에 접근할 수 있어야 한다는 내용이에요. 또 우주탐사는 평화적 목적으로 이뤄져야 하며, 우주 비행사는 인류가 우주에 보낸 대표자이므로 모든 국가는 이들이 어려운 상황에 놓였을 때 적극적으로 도와야 한다는 내용도 담겼어요.

우주 조약에 이어서, 미국이 아폴로 11호로 달 착륙에 성공한 뒤 10년이 흐른 1979년에는 '달 조약'(Moon Treaty)도 만들어졌답니다. 거기엔 달의 천연자원은 인류의 공동 유산이며, 달 탐사 및 이용은 모든 국가의 이익을 위해 수행돼야 한다는 내용이 담겼죠.

뉴 스페이스 시대의 우리나라

알다시피 과거의 우주개발은 정부가 주도했어요. 하지만 최근엔 점점 민간의 역할이 커지고 있습니다. 이런 현상을 과거의 우주개발 (Old Space)에 비교해 '뉴 스페이스'(New Space)라는 용어로 불러요.

수많은 국내 기업이 참여한 누리호 발사와 다누리호의 활동은 우리나라의 과학과 국방을 위해서도 매우 중요한 일이지만, 민간 주도 우주 시대를 대비하는 첫걸음으로도 뜻깊은 사건입니다. 현재 누리호는 2027년까지 네 차례에 걸쳐서 추가 발사될 예정이에요. 우리나라 위성을 모두 국산 발사체로 쏘아 올리는 것을 목표로요.

지금보다 더욱 멀리 날아가는 발사체를 민간과 정부가 공동으로 개발한다는 계획도 진행되고 있습니다. 이는 향후 펼쳐질 민간 주도 우주 시대를 대비하려는 것이죠. 우주탐사도 더 본격화합니다. 앞서 봤듯 우리나라는 미국이 주도하는 유인 달 탐사 사업인 아르테미스 계획에 참여 중이에요. 한국천문연구원에 따르면 미국항공우주국과 함께 제작한 태양 관측 망원경을 국제우주정거장(ISS)에 설치한다는 계획도 있죠. 또 2029년엔 지구에 3만 7,000km까지 접근하는 소행성 '아포피스'(99942 Apophis)를 탐사할 예정입니다. 2030년대에는 무인 달 착륙이 목표고요.

이제 우주는 꿈이 아니라, 한 국가의 운명과 인류의 생존이 달린 현실로 다가왔어요. 우주개발은 국제사회에서 '규칙'을 정해야 하는 문제이자, 각국 정부로선 얼마만큼 어느 자원을 투입할지를 결정해야 하는 중요한 국가정책 분야가 됐죠. 다시 말해 우주는 정치가 새로이 도전해야 하는 영역이 된 셈입니다.

쏙쏙!
영화 속 정치

우주개발을 이끈 흑인 여성들
히든 피겨스

2016년 개봉한 〈히든 피겨스〉*Hidden Figures*는 '1969년에 일어난 미국 아폴로 11호의 역사적 달 착륙 사건'의 숨은 공로자인 흑인 여성 수학자들의 실화를 토대로 만들어진 작품이에요. 미국항공우주국의 직원이던 흑인 여성 3명이 주인공이죠.

이들의 이야기를 통해 당대의 인종차별이 얼마나 극심했는지, 여성으로서 실력을 발휘하기가 얼마나 힘들었는지 알 수 있어요. 그뿐만 아니라 영화엔 냉전 시대 당시 미국과 소련 사이의 우주개발 경쟁이 얼마나 치열했는지도 잘 드러납니다.

1960년대 초반, 뛰어난 재능을 지닌 수학자인 캐서린 존슨(터라지 P. 헨슨 분)과 도로시 본(옥타비아 스펜서 분), 메리 잭슨(저넬 모네이 분)은 미국항공우주국 최초의 우주 궤도 비행 프로젝트에 선발됩니다. 그러나 이들이 하는 일이란 항공우주국의 핵심 부서인 우주임무그룹(STG)에서 만들어 낸 수식에 그저 숫자를 대입해, 단순 계산을 반복하는 것뿐이죠.

오늘날 같으면 컴퓨터가 대신했을 일인 거예요. 한편 우주임무그룹에서 비행 궤도 공식을 만들고 우주선을 제작하는 일은 오직 남성, 그것도 백인 남자들만 할 수 있었습니다.

캐서린과 도러시, 메리는 여성이자 흑인입니다. 여성이기 때문에 능력이 있어도 중요한 일엔 접근할 수조차 없었고, 흑인이기 때문에 사무실에서 800m나 떨어진 '유색인종 전용 여자 화장실'을 사용해야 했으며 일터에 비치된 공용 커피포트조차 쓸 수 없었죠.

그런데 이 무렵, 소련이 앞선 기술을 개발했다는 소식이 들려오는 와중에 미국의 우주 궤도 비행 프로젝트는 난항을 겪게 돼요. 우주임무그룹에선 궤도 공식을 새로이 만들어 내야 하고, 높은 압력과 열에 버틸 수 있는 새로운 우주선체를 제작해야 합니다. 또 새롭게 들여온 컴퓨터를 다룰 줄 아는 전산 전문가도 필요하죠. 마침내 세 주인공이 등장할 차례가 왔어요! 뛰어난 수학적 능력을 보여 준 캐서린은 궤도 공식을 만드는 데 참여하고, 여성 최초의 미국항공우주국 엔지니어를 꿈꾸던 메리는 우주선체 개발에 투입되며, 도러시는 새로 도입된 컴퓨터의 프로그래밍을 담당합니다.

영화는 세 주인공이 성차별과 인종차별을 극복하는 과정을 재미있고 유쾌하게 다뤄요. 항공우주국이라고 하면 미국에서도 가장 우수한 두뇌와 학력을 갖춘 사람들이 모였을 텐데, 그런 '엘리트 사회'에서도 성차별과 인종차별이 얼마나 극복하기 힘든 일이었는지를 잘 드러내죠. 과거에 여성은 항공우주국에서 일할지라도 단순 계산이나 비서 업무 정도만 맡을 수 있었습니다. 더군다나 흑인 여성이라면 사실상 근무 자체가 거의 불가능한 상황이었어요.

수학이나 물리학, 우주개발 이야기에 관심 있는 사람이라면 〈히든 피겨스〉를 더욱 흥미롭게 볼 수 있을 겁니다. 하지만 구체적인 수식을 알아야만 하는 건 아니에요. 딱 한 번, 천부적인 수학자 캐서린이 어린 시절 얼마나 대단한 '수학 천재'였는지 보여 주는 장면이 나오는데 이것도 이차방정식의 인수분해 문제를 푸는 모습일 뿐입니다. 여러분이 중학교 3학년 때 배우는 그것과 같죠.

정치로
움직이는 지구

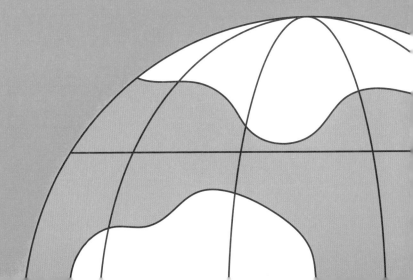

정치가 무너진 곳에 전쟁이

　러시아가 우크라이나를 침략해 벌이는 전쟁이 계속되면서 전 세계인의 걱정과 슬픔도 커지고 있습니다. 우크라이나 현지로부터 전해진 참상과 끔찍한 소식은 충격과 안타까움을 자아냅니다.

　전쟁 지역에서만 피해가 발생한 게 아닙니다. 전 세계에서 석유와 천연가스를 비롯한 에너지의 가격이 급등하고 네온, 아연, 알루미늄, 팔라듐 등 광물자원의 값도 치솟았어요. 밀과 옥수수 등 농산물 가격도 올랐죠. 러시아와 우크라이나는 각종 곡물과 에너지, 원자재의 주요 공급처이기 때문입니다. 코로나19로 타격을 입었던 세계 각국의 경제와 산업이 이번 전쟁으로 말미암아 더 힘들어진 거예요.

인류 역사가 시작된 이래로 크고 작은 전쟁이 이어져 왔어요. 시대에 따라 전쟁의 원인과 양상도 크게 바뀌었죠. 주요 강대국까지 참여해서 전 세계적인 전쟁이 일어난 건 제2차세계대전이 마지막이지만, 그 뒤에도 다양한 규모의 전쟁이 쉼 없이 계속됐습니다. 봉건 왕조 시대나 제국주의·전체주의 시대도 아닌데 왜 이리 전쟁은 없어지지 않는 걸까요? 오늘날에는 유엔이나 북대서양조약기구(NATO)처럼 국제 분쟁 억제와 평화를 위한 국제기구가 있고, 세계 각국에는 민주주의 제도가 점점 더 정착되고 있는데 말입니다.

사실 우리에게 러시아·우크라이나 전쟁은 남의 일로만 느껴지진 않아요. 6·25전쟁이라는 비극적 경험이 있기 때문이죠. 여전히 북한과 적대적 군사 경쟁을 벌이는 중이고요. 그렇다면 전쟁은 왜 일어나고, 전쟁을 막기 위해서는 어떻게 해야 할까요?

전쟁은 정치의 실패

어떤 규모나 성격의 사회에서든 구성원들끼리는 경쟁과 협력, 갈등의 관계를 맺게 마련이에요. 현대 민주주의 사회는 법 앞에서 평등한 개인과 집단을 구성원으로 하며, 경쟁·협력의 원리나 갈등 해결의 방식은 법과 제도로 규정해 놓죠.

하지만 국제사회는 개인이나 집단을 구성원으로 하는 국가와는 여러모로 다릅니다. 국제사회의 중요한 구성원은 각 나라이며, 국제기구나 국제단체도 포함돼요. 갈등 해결을 위해 국제사회는 국제법 같은 법률은 물론이고 유엔, 국제사법재판소(ICJ), 세계무역기구(WTO) 같은 행정·사법·경제 기구를 갖췄죠. 그러나 강제력을 지닌 단일한 중앙정부나 경찰, 군대는 없습니다. 이 때문에 한 나라 안의 갈등보다는 국제사회에서 국가 간 갈등의 해결이 더 어려워요.

국제사회에서든 한 나라 안에서든 구성원들 사이의 갈등 해결이 실패하고 이해 충돌이 극단적 폭력의 양상으로 나타나면 그게 바로 전쟁입니다. 전쟁은 어디서 누가 누구와 싸우느냐에 따라 '국제전'과 '내전'으로 나뉘어요. 2개 이상의 나라가 군사적으로 충돌하면 국제전이죠. 한 나라 안에서 벌어지는 전쟁, 곧 내부의 여러 세력과 집단이 대규모로 무력을 동원해 맞서 싸우는 건 내전입니다. 내전은 주변국이나 이해관계국이 개입하며 국제전으로 비화하기도 해요.

인류 최초의 전쟁은 어떤 모습이었을까요? 먼 옛날에는 아마도 거주지와 식량을 두고서 부족끼리 목숨을 걸고 싸웠을 겁니다. 기후와 지형이 좋고 사냥감과 열매 등 먹을거리가 풍부한 땅을 서로 차지하기 위해 무기를 들었겠죠.

농작 기술이 발달하고 생산 인구가 부쩍 증가한 뒤에는 기름진 땅과 노동력의 확보가 전쟁의 목표였어요. 패배한 쪽은 가진 것을 모두 빼앗기고 노예가 됐습니다. 그런 식의 영토 확장 전쟁은 왕조 중심의 봉건국가 시대까지 이어졌죠. 때로는 민족이동이나 왕조끼리의 권력투쟁, 학정에 분노한 백성들의 봉기도 전쟁의 원인이 됐어요. 아시아에서나 유럽에서나 민족 간, 왕조 간 전쟁과 농노·농민 봉기 등으로 많은 나라가 흥망을 거듭했습니다.

전쟁의 원인과 양상

현대에 들어선 오늘날까지 가장 큰 영향을 미친 전쟁은 제1차세계대전(1914~1918)과 제2차세계대전(1939~1945)이에요. 이는 주요 강대국이 모두 참여해 전 세계적 규모로 벌어진, 인류 역사상 가장 커다란 전쟁이죠.

제1차세계대전은 각종 자원과 노예, 시장을 확보하기 위해 식민지를 두고서 싸운 제국주의 국가 간의 전쟁이었습니다. 한편 제2차세계대전은 나치즘의 독일, 파시즘의 이탈리아, 군국주의의 일본 등 국가주의·전체주의 세력이 일으킨 전쟁이에요. 제2차세계대전이 미국과 소련 등의 연합국 승리로 마무리된 뒤엔 전 세계적 규모의 전면전은 일어나지 않는 대신 러시아·우크라이나 전쟁 같은 제한된 지역에서의 전쟁이 이어지고 있답니다.

현대에 벌어진 전쟁의 원인은 몇 가지로 나눠 볼 수 있어요. 먼저 역사적 원인에 의한 전쟁부터 살펴볼까요? 봉건 왕조 시대부터 제국주의와 식민지 시대, 자유·공산 진영 간의 냉전 시대, 1990년대 이후 탈냉전 시대까지 이어 오면서 세계지도의 국경선은 수차례 바뀌었습니다. 식민지였던 나라들이 독립하거나 서로 다른 민족이 한 국가로 통합되기도 했으며, 연방국이 여러 나라로 쪼개지기도 했죠.

그러면서 한 나라 안에서도 독립·통합·분리 등 다양한 주장이 나오고, 이를 둘러싼 주변국과 강대국들의 이해관계가 충돌하기 일쑤였답니다. 오늘날 러시아·우크라이나 전쟁의 원인 중 하나도 이런 역사적 이유예요. 지금의 우크라이나 땅은 여러 우여곡절을 겪으며 제2차세계대전 종전 직후 소련(소비에트연방, 현재 러시아)에 소속됐지만 공산 진영이 해체돼 가던 1991년에 독립했거든요.

역사적 원인과 더불어 민족 간, 종교 간 갈등으로 빚어진 분쟁과 전쟁도 20세기부터 오늘날까지 꾸준히 이어지고 있습니다. 유고슬라비아 전쟁(1991~2001)의 일부로 여겨지는 보스니아 전쟁(1992~1995), 코소보 전쟁(1998~1999) 등은 동유럽 공산 진영이 해체되는 역사적 사건 가운데 그동안 이념에 가려졌던 민족 간, 종교 간 갈등이 극렬히 폭발한 사례죠. 제2차세계대전 종전 후부터 오늘날까지 계속된 이스라엘과 팔레스타인 간, 이스라엘과 아랍 국가 간의 분쟁·전쟁 역시 민족 간, 종교 간 갈등이 가장 큰 원인이에요.

한 나라 안의 불안한 경제·정치체제와 강대국들의 패권 다툼이 결합해 일어나는 전쟁도 있어요. 이런 경우엔 대개 군사적·전략적으로 요충지이거나 자원이 풍부한 나라인데, 민주주의가 정착하지 못하고 경제력·군사력도 발달하지 못한 곳이 전쟁터가 됩니다. 실제로 우크라이나는 미국·유럽 등 서방세계와 러시아의 경계에 있는 전략적 요충지인 동시에 자원 부국이죠. 그러나 오랫동안 정치체제가 불안했고 군사력도 약한 편이었습니다. 과거 소련·아프가니스탄 전쟁(1979~1989)이나 걸프 전쟁(1990~1991), 이라크 전쟁(2003~2011) 등도 이런 사례에 속해요.

마지막으로 현대엔 자유민주주의와 공산주의 간 이념 대결에서 비롯한 전쟁도 있었답니다. 6·25전쟁은 지역적으로 보자면 내전이지만, 양상으로 따지면 세계의 좌우 진영 간 대결이었죠. 우리 사회의 내부 분열과 미국·소련의 패권 대결이 결합하며 일어난 전쟁인 셈이에요. 1955년부터 1975년까지 이어진 베트남전도 내전과 미국·소련 진영 간 대결이 어우러져 발생한 전쟁이고요.

오늘날 러시아·우크라이나 전쟁은 역사적 원인과 더불어 국가 간 경제적·정치적 이해 다툼 때문에 벌어졌지만, 점차 자유민주주의와 권위주의 독재 체제의 국제적 진영 대결이 되어 가고 있어요. 미국과 유럽 등 서방세계는 러시아에 제재를 이어 가는 동시에, 우크라이나엔 강력한 경제적·군사적 지원을 보내고 있죠.

정치의 부재를 노리는 전쟁

이처럼 국제사회에서 각 나라는 자국의 이익을 제일 중시하기 때문에, 갈등과 경쟁이 끊이지 않아요. 세계 각국은 민족과 영토, 자원, 종교 등을 둘러싸고서 경쟁하거나 갈등을 겪게 마련이에요. 그런 갈등과 경쟁이 가장 격렬히, 폭력적으로 표출되는 게 바로 전쟁입니다.

국제사회에서는 갈등을 평화적으로 해결하고, 인류 공동의 문제에 협력하기 위해 국제기구와 국제법을 동원합니다. 또한 각국은 외교를 통해 설득과 타협으로 자국의 이익을 관철하려고 노력하죠. 결국 국가 사이에서 전쟁이 일어났다는 건, 국제사회 차원의 갈등 해결과 외교적 수단에 따른 이해 조정이 완전히 실패했음을 의미해요.

내전이든 국제전이든, 전쟁은 국가끼리의 갈등뿐 아니라 반드시 한 나라 안의 경제적·정치적 문제와 결부됩니다. 지금껏 일어난 전쟁을 살펴보면 내전은 물론이고 국제전 역시 독재와 쿠데타가 이어지는 나라, 경제가 불안하고 부정부패가 심각한 국가, 계층·인종·종교 간 갈등이 큰 곳에서 자주 벌어진다는 사실을 알 수 있죠. 전쟁은 국제정치뿐 아니라 한 국가 안에서 정치가 실패함으로써 나타납니다.

100년도 되지 않는 기간에 식민지 독립과 6·25전쟁의 비극을 겪고 폐허로부터 경제·정치 선진화를 이뤄 낸 우리에게 전쟁은 남다른 의미로 다가옵니다. 현대사회에서 국가 간 갈등과 경쟁은 피할 수 없죠.

국제사회의 일원으로서 우리나라도 다른 국가와 협력을 이어 가고 외교적인 노력을 꾸준히 기울여야겠지만, 만일의 사태를 위한 대비는 매우 중요합니다. 어떤 경우라도 국민과 영토를 보호할 수 있도록 군사력과 방위력을 갖춰야 해요. 그리고 군사력만큼 중요한 힘은 강대국의 패권 경쟁과 북한의 위협 속에서 평화를 증진할 균형적이며 합리적인 외교력일 테죠.

하지만 군사력과 외교력만큼이나 중요한 건 민주주의 발전이며, 정치의 역할이라는 점을 잊어선 안 됩니다. 모든 국민이 법과 제도에 따라 평등한 권리를 보장받고, 공정한 경쟁에 참여할 수 있으며, 국가 권력은 갈등과 이해 충돌을 합리적으로 조정할 수 있을 때 그 나라는 아무도 흔들지 못하는 나라, 전쟁이 넘볼 수 없는 나라가 된다는 사실을 역사가 보여 줍니다.

미국과 중국은 왜 싸울까?

"중국은 경제, 외교, 군사, 기술력을 모두 동원해
안정되고 개방된 국제 질서에 도전할 수 있는 유일한
경쟁국이다. 전 세계 권력 구도가 바뀌며 새로운
위협이 생겨나고 있다. 특히 중국은 이전보다
더 굳고 강한 태도를 보이고 있다."

이는 조 바이든 미국 대통령의 말이에요. 중국이 미국의 유일한 경쟁자이자 세계를 위협할 나라라고 경고한 것이죠. 한편 앤터니 블링컨(Antony J. Blinken) 미국 국무부 장관은 중국을 "금세기 최대의 시험대"라 부르면서 "필요하다면 중국과 대결할 준비가 되어 있다." 라고도 했습니다. 미국 정부는 2022년 10월 12일에 공개한 「국가 안보 전략」National Security Strategy 보고서를 통해 "중국은 미국의 가장 중대한 지정학적 도전"이라 밝히면서 "중국과의 경쟁에서 승리할 것"이라고 천명했어요. 「국가 안보 전략」은 백악관이 미국의 대외 정책을 선언하는 중요한 문서죠.

이에 중국공산당 주석인 시진핑[习近平, 재임 기간 2012~]도 가만있지 않았습니다. 시진핑 주석은 중국공산당 창당 100주년 경축 대회에서 "중화 민족은 자긍심과 자신감이 강한 민족"이라며 "그 어떤 외국 세력이 우리를 괴롭히거나 압박하며 노예화하려 한다면 14억 중국 인민의 피와 살로 만든 강철 만리장성 앞에서 머리가 깨져 피가 흐를 것"이라고 말했어요. 표현이 섬뜩하죠? 국가명을 직접 거론하진 않았지만, 국제사회는 이를 중국이 미국을 겨냥해 던진 메시지로 받아들였답니다.

미국과 중국 간의 갈등은 점점 심해지고 있어요. 필요하다면 중국과 싸울 수 있다는 미국이나, 어떤 나라라도 자신들을 괴롭히면 피를 볼 것이라는 중국이나 분위기가 아주 험악하죠. 실제 총칼을 동원하지 않을 뿐 경제, 기술, 안보, 외교 등 모든 분야에서 양국은 전쟁과 다름없는 경쟁을 벌이고 있습니다. 세계 최강국끼리의 다툼이니 전 세계의 우려가 커요. 우리나라로선 더욱 곤란한 일입니다.

미국은 우리와 가장 가까운 '동맹국'이고, 중국은 우리와 교역량이 가장 많은 '경제 협력국'이기 때문이죠.

그렇다면 미국과 중국은 왜 싸울까요? 양국의 다툼은 다른 국가와 우리나라에 어떤 영향을 줄까요?

자국 이익 중심주의와 힘의 논리

미국·중국 간의 경쟁과 갈등 원인을 파악하기 위해선 보통의 사회와는 다른 국제사회만의 특성과 원리를 알아 둬야 합니다. 국가나 일반적인 사회를 이루는 가장 중요하고 제일 작은 단위의 구성원은 개인이죠. 하지만 국제사회에서 가장 중요한 구성원은 세계의 각 나라예요.

국제사회에서나 한 국가 안에서나 모든 구성원이 각자의 이익을 최우선으로 추구한다는 점은 같습니다. 한 나라 안에서 모든 개개인은 권력과 명예, 부, 지위 등을 차지하려 경쟁하죠. 이는 국제사회의 나라들도 마찬가지예요. 각 국가는 더 많은 영토와 자원을 확보하고, 다른 나라나 국제사회에 더욱 큰 영향력을 행사하기 위해 노력합니다. 각종 상품과 서비스를 생산해 교환하는 국가 간 교역에서도 더 유리한 쪽에 서서 더욱 큰 이익을 남기려고 서로 경쟁하죠.

그런데 이런 갈등과 경쟁을 감시하고 규제하며 통제할 '권력'의 유무(有無)에서는 국가와 국제사회가 커다란 차이를 보입니다. 국가엔 입법·사법·행정기관이 있어서 개인의 권리와 의무에 관한 법을 정하고, 그에 따라 나랏일과 살림을 운용하며, 범죄를 판별해서 처벌하거나 이해 분쟁을 해결해요. 이처럼 국가에는 단일한 중앙정부가 있고, 개인은 그 통치를 따라야 하죠. 하지만 국제사회엔 강력한 법적 강제력과 구속력·집행력을 지닌 단일한 권력, 즉 중앙정부가 없습니다. 또 국가의 법과 제도에선 '개인은 모두 평등한 존재'라는 원리가 엄격히 적용되지만 국제사회에서 각국은 경제력과 군사력, 영토나 인구의 규모 등에 따라 사실상 차등적으로 대우받아요.

일반적으로 한 국가의 법과 제도는 개인 사이에 이해 갈등이 일어날 때뿐 아니라, 개인과 전체 집단의 이익이 충돌할 때 어느 편을 먼저 보호해야 하는지를 엄격히 규정합니다. 특히 사회의 존속이나 중요한 공익과 관련된 사항이라면, 개인의 이익 추구를 일부 제한하기도 하죠.

국제사회 또한 인류 공동의 번영이나 지구 전체의 위기 극복을 위해 협력을 추구하지만, 전체의 이익을 개별 국가의 이익보다 앞세울 수 있는 법과 제도의 강제력은 미약해요. 이 때문에 근본적으로는 자국 이익 중심주의를 제한하기란 어렵습니다. 국제사회에 국제법이나 유엔, 국제사법재판소 등 입법·행정·사법 체계가 아예 없는 건 아니지만 한 나라에서 중앙정부가 지닌 강제력에 비할 순 없죠. 그래서 국제사회를 지배하는 건 결국 '힘의 논리'라는 말이 나오는 거예요. 미국과 중국의 경쟁 구도 역시 경제력을 더 키우고, 국제적인 영향력을 더욱 확대하며, 더욱더 많은 자원을 확보하기 위한 자국 이익 중심주의에서 비롯된 겁니다.

냉전의 해체와 중국의 부상

근현대사를 살펴보면 국가 간 갈등과 경쟁이 끊이지 않았다는 사실을 알 수 있어요. 이는 자국 이익 중심주의와 국제사회를 지배하는 힘의 논리 때문이죠. 물론 시대마다 갈등과 경쟁이 벌어진 구체적 원인이나 양상은 달랐답니다. 19세기에는 제국주의 국가끼리의 식민지 쟁탈 경쟁이 가장 치열했다면, 20세기엔 자유민주주의와 공산주의 간 이념 및 체제 대결이 중심에 놓였거든요.

독일, 러시아, 영국, 오스트리아, 이탈리아, 프랑스 등 19세기 유럽의 제국주의 국가들은 아시아와 아프리카에서 서로 더 많은 식민지를 차지하려 끊임없이 전쟁을 벌였습니다. 이는 영국에서 산업혁명이 일어난 뒤 자본주의를 발전시켜 가던 유럽 각국이 원료를 구하고 상품을 내다 팔 곳이 필요했기 때문이에요. 아시아와 아프리카

식민지들이 바로 그런 곳이었죠. 앞서 언급했듯 제국주의 국가의 식민지 쟁탈 경쟁은 20세기 초반 제1차세계대전을 일으킨 원인이 됐답니다.

한편 제2차세계대전은 국가주의·전체주의를 지향한 나치즘의 독일, 군국주의의 일본, 파시즘의 이탈리아가 일으킨 전쟁이에요. 이에 대항하고자 미국과 소련 등이 연합군을 구성해 그들과 맞서 싸웠죠. 전쟁은 독일과 일본 등의 패망으로 끝났지만, 승전국 미국과 소련은 각각 자유민주주의와 공산주의 진영을 대표하는 나라로서 세계를 둘로 쪼개며 대결하는 경쟁자가 됐습니다.

제2차세계대전 종전 후 세계는 미국·서유럽 등을 주축으로 한 '자유 진영'과 소련·중국·동유럽 등이 한편인 '공산 진영'으로 크게 나뉘어 경제적·군사적으로 대립하는 국제 질서를 형성했어요. 그때의 대립 구도를 '냉전 체제'라고 부르죠.

냉전 체제는 1980년대 말부터 이뤄진 소련의 해체, 동유럽 국가의 민주화, 중국의 개방 가속화를 겪으며 극적인 변화와 종말을 맞게 됩니다. 이념 대결을 넘어서 경제와 기술의 무한 경쟁 시대가 열린 거예요. 그 과정에서 소련을 대신해 미국의 경쟁자로 나서게 된 나라가 바로 중국이죠. 폐쇄된 사회주의경제에서 개방된 시장경제로 변화를 꾀한 중국은, 21세기 들어 세계 최대의 인구와 시장 규모를 발판으로 미국을 위협하며 최강국 자리를 넘보게 됩니다.

가치와 기술의 경쟁

20세기 후반 중국은 개혁·개방을 추구하며 시장경제 체제를 도입했지만, 정치체제에선 여전히 자신들만의 고유한 사회주의를 표방하고 있어요. 우리나라나 미국, 유럽의 민주정치 제도와는 달리 국가와 공산당 주도의 권위주의적 통치 체제를 고수하죠. 그래서 정치적 의견의 다양성은 인정되지 않고 개인의 자유가 제한됩니다.

미국·중국의 갈등과 경쟁은 크게 정치와 경제·안보 분야로 나눠볼 수 있습니다. 조 바이든 미국 대통령은 2021년 취임한 뒤로 줄곧 '중국이라는 국제사회의 위협에 대항해 가치를 함께하는 동맹국끼리의 연대를 더욱 굳게 하겠다'는 의지를 드러냈죠. 거기서 말하는 '가치'란 곧 민주주의와 인권을 뜻해요.

중국은 이슬람교를 믿는 자국 내 소수민족을 탄압하고, 이들 중 일부를 신장 웨이우얼 지역의 수용소에 감금해 강제 노동을 시키는 것으로 알려졌어요. 미국은 이 문제를 여러 차례 지적하며 개선을 요구해 왔답니다. 소수민족 탄압과 관련된 중국 경제인·정치인은 미국에 들어오지 못하게 했고, 관련 기업 또한 미국과는 거래 못 하도록 막았죠.

또 2019년부터 사회적으로 확산한 홍콩 민주화 시위에 대한 중국 정부의 탄압도 미국이 지속해서 비판했습니다. 바이든 대통령이 주장한 가치 동맹은 바로 그런 중국의 반민주적 행태, 인권침해에 반대하는 국가들끼리의 연대를 의미해요. 물론 여기에는 우리나라가 포함되고요.

미국이 지향하는 정치적 연대가 '가치 동맹'이라면, 경제·안보 연대는 '기술 동맹'으로 표현돼요. 중국은 첨단 기술 분야와 국제 교역 관계에서 가장 중요한 나라로 떠올랐는데, 그런 상황이 세계 각국에서 국제적 수준의 안보 위협이 되고 있다는 게 미국의 주장이죠. 해외에 보급·판매하는 중국의 통신 기술과 장비 때문에 다른 나라의 군사·안보상 중요한 정보나 기능이 침해될 수 있다는 겁니다.

이를 이유로 들며 미국은 최근 몇 년 사이에 이동통신사 차이나 모바일(China Mobile), 통신 장비 업체 화웨이(Huawei) 등 중국 주요 기업의 활동을 제약했습니다. 중국이 미국은 물론 다른 국가와도 통신 기술 및 장비를 거래 못 하도록 말이죠. 그처럼 중국에 대항해서 경제·안보 협력을 강화하려는 게 바이든 대통령이 주장하는 기술 동맹입니다.

미국 정부가 추진하는 바를 쉽게 한마디로 말하자면 '중국과 거래를 끊고, 미국에 투자하라'는 거예요. 요즈음 미국은 공장을 미국에 두지 않는 기업을 보조금·세금 지원에서 철저히 배제하는 정책을 펴고 있죠. 또 중국산 반도체와 원자재를 쓴 기업과 제품은 미국에 들어오지 못하게 막고요. 중국에 생산 공장을 뒀거나, 첨단 정보

통신 기술 및 제품을 수출하는 기업에 대해서도 미국 내 활동을 규제합니다. 그런 상황이 특히 우리나라 경제와 기업에 몹시 어려운 도전이 되고 있어요.

대한민국과 국제사회의 과제

세계경제는 이미 오래전에 '글로벌 분업'과 '다국적기업'의 시대로 들어섰습니다. 기업 활동과 산업구조가 한 나라의 경계를 벗어나서 전 세계를 무대로 이뤄지고 있다는 뜻이죠. 현재 많은 기업이 한 국가의 범위를 뛰어넘어, 경영 - 연구 - 개발 - 기획 - 생산 - 유통 과정에서 모든 단계마다 최적의 조건을 갖춘 나라와 지역에 부서 및 인력을 배치해요. 예를 들어 하나의 기업이 한국의 본부에서 경영전략을 세우고, 연구 개발은 미국에서 진행하며, 제품은 중국과 동남아시아의 공장에서 생산한 뒤 세계 곳곳에 있는 지사로 물건을 보내서 판매하는 식입니다. 오늘날에는 그 어떤 기업도 어느 한 나라만을 고집해선 생존할 수 없죠.

이에 따라 자연스레 세계적인 분업 체계도 갖춰져요. 기술 개발, 자원 발굴, 상품생산, 1차 가공, 완성품 제조, 노동력 조달, 유통과 소비 등 경제 분야마다 세계 각 나라와 기업은 어느 한 가지 이상의 역할을 맡게 됩니다. 이미 경제 부문에서 세계 최강국인 미국은 물론이고, 중국의 기업들도 그런 글로벌 분업망에서 중요한 역할을 하죠. 양국이 견제와 경쟁을 치열히 벌인다고 해도, 서로가 없으면 안 되는 분야가 많아요. 미국과 중국은 각자 서로에게 최대의 소비 시장이기도 합니다.

미국이 주장하는 가치 동맹과 기술 동맹, 중국이 글로벌 분업망에서 차지하는 위치 때문에 양국의 갈등은 우리나라에 아주 커다란 고민을 던져 줍니다. 우선 한국의 가장 친밀한 나라는 미국이죠. 미국과 한국은 6·25전쟁에서 공산주의 세력을 함께 막아 낸 혈맹, 즉 '피를 나눈 동맹'이니까요. 그래서 '한미 동맹'은 우리 외교·안보의 우선적 원칙 가운데 하나입니다. 이뿐만 아니라 경제적으로도 미국은 우리의 중요 교역국이에요. 자동차나 휴대전화 분야에서 미국은 아주 중요한 수출 시장이죠.

그렇다면 중국은 어떨까요? 중국은 우리나라의 '경제적 동반자', '전략적 협력국'입니다. 또한 최대 교역국이기도 하죠. 한국은 중국에서 많은 공산품과 원료를 수입하고, 또 많은 상품과 서비스를 수출해요. 무엇보다 한국과 중국은 남북 관계 및 한반도 평화를 위해 서로 협력해야 하는 사이고요.

따라서 우리나라로선 미국과 중국이 서로와 국제사회에 더 좋은 결과를 가져오는 '건전한' 경쟁 관계를 유지하길 바랍니다. 우리는 미국과의 동맹을 튼튼히 하면서도 중국과 경제 협력을 확대할 수 있도록 고민해야 하죠. 지금은 그 어느 때보다도 한국의 이익을 최대화할, 균형적이고 현명한 외교가 필요한 시기예요.

국제사회엔 인류 공동으로 해결해야 할 일이 참 많습니다. 최근에 가장 중요한 문제로 떠오른 건 바로 기후 위기죠. 생태계와 환경의 파괴를 막고 탄소 배출량을 줄여 기후 위기를 해결하기 위해선 모든 국가가 힘을 합치는 게 중요해요. 기후 위기는 세계 최대의 탄소 배출국이자 경제 대국이며, 제일 큰 영향력을 지닌 미국과 중국이 협력하지 않으면 풀 수 없는 문제입니다. 저개발 국가의 경제난 및 생존의 위기, 코로나19와 같은 인류 공동의 재난도 미국과 중국을 비롯한 각국의 협력이 절실하다는 사실을 보여 주고 있어요.

올림픽? 월드컵? 정치도 뛴다!

'축구의 신(神)' 리오넬 메시(Lionel A. Messi)의 활약, 대한민국 대표 팀의 극적인 16강 진출. 2022년 11월과 12월은 예년 가을이나 겨울 같지 않게 뜨거웠답니다. 우리나라는 물론이고 전 세계의 축구 팬이라면 말이죠. 바로 2022년 FIFA(국제축구연맹) 월드컵이 카타르에서 열렸거든요.

카타르 월드컵은 개막 전부터 '최초' 기록을 여러 차례 세우면서 전 세계인의 비상한 관심을 끌었습니다. 이슬람교가 국교인 나라에서 최초로 열린 월드컵이며 아시아 국가의 단독 개최도 처음이었죠. 연말에 대회가 열린 것 역시 전례가 없던 일이고요. 카타르의 국토

면적도 역대 개최국 중 가장 작았습니다. 총면적이 1만 1,581km²로 우리나라 경기도(1만 171km²)보다 아주 약간 더 넓은 정도예요.

하지만 카타르 월드컵은 이색적인 기록만큼이나 논란이 많은 대회였답니다. 국제사회에선 개최 몇 년 전부터 세계 축구계와 카타르 정부를 둘러싼 뇌물 수수, 유치 비리 의혹이 제기돼 소송과 재판까지 진행됐죠. 또 카타르는 '탄소 중립 월드컵'을 선언하면서 친환경 대회가 될 것이라고 주장했지만 시민 단체와 언론, 전문가는 목표와 실제 수치 등이 왜곡·조작됐다며 비판했어요.

월드컵 경기장 등 대회를 위한 각종 시설을 건축하는 과정에서 외국인 노동자들이 혹사당하고 대규모로 희생됐다는 의혹도 불거졌습니다. 극심한 성 소수자 차별, 금주(禁酒)와 신체 노출 금지 같은 카타르의 법과 전통 역시 문제였죠. 이 때문에 '독재와 인권침해가 심각한 국가가 막강한 경제력을 무기로 세계적인 스포츠 대회를 유치해, 부정적 이미지를 씻고 체제를 정당화하려 한다'는 비판이 이어졌답니다.

그보다 몇 달 앞선 2월 중국 베이징에서 열린 2022년 동계 올림픽에서도 국제적인 시빗거리가 된 일이 많았어요. 개막식에선 신장 웨이우얼 출신 스키 선수가 최종 성화 봉송을 맡으며 서구 국가들의 반발을 불러일으켰죠. 앞서 살폈듯 미국과 유럽 등 세계 각국은 '중국 정부가 정치적·종교적 이유로 신장 웨이우얼 주민들을 불법

감금하고, 강제 노동을 시키는 등 인권침해를 저지르고 있다'는 주장을 해 왔거든요. 특히 미국, 캐나다, 독일, 덴마크, 영국, 뉴질랜드, 오스트레일리아, 인도, 일본 등은 중국 정부의 처사에 항의하며 올림픽에 정부 대표를 안 보내는 '외교적 보이콧'(diplomatic boycott)을 실행했습니다.

한편 올림픽 개막식에 다른 중국 내 소수민족과 함께 등장한 조선족의 한복 차림도 문제가 됐답니다. 이를 두고 '한복이 중국에서 비롯됐다'는 황당한 주장을 국제적으로 펼치기 위한 포석이 아니냐는 의심의 목소리가 우리나라에서 이어졌죠.

일부 경기에선 도무지 이해 못 할 판정도 나왔어요. 우리나라 대표 선수들은 쇼트트랙 종목에서 '오심 논란'의 희생양이 됐습니다.

'중국 선수들에게 메달을 주기 위해 한국을 비롯한 다른 나라 선수들에게 부당하고 불리한 판정을 한 것 아니냐?' 하는 비판과 항의가 세계 각국에서 잇따라 제기됐죠. 그런가 하면 피겨스케이팅 종목에서는 금지 약물을 복용한 것으로 드러난 러시아 출신 선수 카밀라 발리예바(Kamila V. Valieva)의 출전이 허용돼, 오로지 피땀으로만 올림픽에 도전한 많은 선수를 절망케 했답니다.

카타르 월드컵이나 베이징 동계 올림픽에서 논란이 된 여러 사태를 보면, 상당한 부분이 정치적인 문제라는 사실을 알 수 있습니다. 세계 각국의 정치적 이해와 경쟁이 그 밑바탕에 깔린 거예요. '인류 화합의 대전', '지구촌 최대의 스포츠 축제'라는 올림픽이나 월드컵에서 왜 이런 일들이 일어날까요?

스포츠는 경쟁과 대결의 상징

FIFA는 우크라이나 침공의 책임을 물어 러시아를 카타르 월드컵에 출전 못 하도록 막았어요. 러시아는 월드컵뿐만 아니라 FIFA와 UEFA(유럽축구연맹)가 주관하는 다른 어떤 대회에도 참가할 수 없게 됐죠. 원래 스포츠에 경기 외적인 일, 특히 정치 문제를 개입시키지 말아야 한다는 게 국제적인 약속입니다. 스포츠 이외의 문제로 특정 개인이나 팀의 출전을 금지하는 것 역시 국제 대회에서 아주 드문 일이고요.

하지만 러시아 선수들은 2018년 평창 동계 올림픽, 2020년 도쿄 하계 올림픽, 2022년 베이징 동계 올림픽에 국가 대표로 참가 못 하고 러시아출신선수단(OAR) 또는 러시아올림픽위원회(ROC) 소속으로 출전할 수밖에 없었습니다. 메달을 따도 국가(國歌)가 연주되지 않았고, 국기 역시 게양할 수 없었죠. 사실 이는 전쟁 때문이 아니라, 국가(國家) 차원으로 러시아 선수들이 금지 약물을 복용했다는 사실이 발각됐기 때문이에요. 스포츠와 관련된 부정이나 비리 때문에 제재받는 것이지, 정치적 이유가 아니었습니다. 그러나 카타르 월드컵에서는 달랐죠.

스포츠는 정치와 철저히 분리돼야 한다는 것이 국제사회가 표방한 원칙이지만, 실제로는 스포츠만큼 정치적 영향을 크게 받는 분야도 없어요. 베이징 동계 올림픽에서 미국, 영국, 일본 등의 정부가 '외교적 보이콧'에 나선 것은 정치적 행위였습니다. 중국 정부가 신장 웨이우얼 출신 선수를 최종 성화 봉송 주자로 결정한 것도 '정치적 메시지'죠. 개막식에 한복 입은 조선족을 포함해 다양한 전통의상 차림의 소수민족을 등장시킨 것 역시, 아마도 중국 정부가 문화적 자부심을 전 세계에 과시하고 자국민을 통합하려는 목적이었을 테고요. 쇼트트랙의 판정과 피겨스케이팅의 도핑 적발 러시아 선수

출전을 둘러싼 논란은, 각각의 스포츠 종목이 특정 국가의 정치적 영향력에 좌우되는 것 아니냐는 의심을 사도록 합니다.

올림픽은 인간 신체·정신의 조화로운 발달과 인류의 화합을 추구하며, 이런 순수한 이상은 정치로부터 영향받아선 안 된다는 게 오랜 원칙이었습니다. 그러나 올림픽과 스포츠 역사에서 정치적 논란은 꾸준히 벌어졌죠. 왜 스포츠를 두고 이런 일이 계속됐을까요?

먼저 스포츠는 집단 간 경쟁과 대결이라는 상징성을 지니기 때문입니다. 그래서 스포츠는 사회 통합에 강력한 역할을 하죠. 아주 오랜 옛날부터 스포츠 경기는 '서로 다른 공동체를 대표하는 선수들끼리의 대결'이라는 형식을 띠었습니다. 개인 종목이든 단체 종목이든, 아마추어 대회든 프로 대회든 상관없이 말입니다. 대개 올림픽과 월드컵은 국가 간 대결이고, 프로스포츠 리그는 지역 간 경쟁이죠. 미국·캐나다의 야구 리그인 메이저리그든, 영국 잉글랜드의 축구 리그인 프리미어리그든 모두 구단이 자리한 지역을 대표해요. 청(소)년 스포츠 클럽은 대부분 '학교'를 대표하고요.

이 때문에 경기에서 승패는 '스포츠'를 뛰어넘는 의미로 받아들여져요. 마치 선수들이 대표하는 국가, 지역, 기업, 학교 등의 구성원 전체가 이기거나 진 것 같은 집단적인 감정을 불러일으키죠. 특히 올림픽과 월드컵은 국가 간 자존심 대결이자 국력 경쟁처럼 여겨집니다. 외부 집단과 벌이는 경쟁이 격렬해질수록 결속력은 강해지게 마련이에요. 공동체를 대표하는 선수나 팀을 함께 응원함으로써 구성원들은 더 큰 소속감과 유대감을 느끼죠. 그래서 세계 각국 정부는 엘리트 스포츠(elite sports) 육성에 각별한 노력을 기울입니다.

하지만 때로는 스포츠의 상징성과 사회 통합 기능이 부작용으로 나타나기도 해요. 권위주의 체제나 독재 정부에서 자신들을 정당화하기 위해 스포츠를 정치적 도구로 이용할 수 있으니까요. 제2차세계대전 당시 독일 나치즘이나 일본 군국주의 세력이 이를 노렸죠. 과거 우리나라의 독재 정부도 스포츠를 정치적으로 이용했습니다.

스포츠는 집단 간 갈등과 적대감을 부추길 수도 있어요. 국수주의와 민족주의, 전체주의를 조장할 수도 있죠. 세계 각국의 정부가 국내외 스포츠계에 경기 방식, 선수 선발 등을 놓고 부당한 영향력을 행사할 가능성도 있습니다. 실제로 각종 종목의 국제 스포츠 기구나 대회에선 특정 국가·집단의 개입, 영향력이 자주 문제가 돼요.

정치와 외교가 펼쳐지는 스포츠

현실에서는 스포츠가 그 상징성을 넘어 직접적으로 '정치와 외교의 장'이 되기도 합니다. 스포츠나 스포츠 대회 개최와 관련한 모든 과정과 계기마다 국가의 '정치적 의사 결정'이 이뤄지기 때문이죠.

베이징 동계 올림픽에서 미국, 영국, 일본 등의 정부가 대통령이나 총리를 포함해 공식 외교사절단을 파견하지 않기로 한 일이 대표적인 사례예요. 거슬러 올라가면 1980년 소련에서 열린 모스크바 하계 올림픽엔 미국, 캐나다, 서독(당시는 독일통일 전), 일본 등 자유 진영 국가들이 대거 불참했습니다. 우리나라도 선수단을 보내지 않았죠. 올림픽 직전 해인 1979년에 있었던 소련의 아프가니스탄 침공에 항의하는 뜻이었어요.

바로 다음 차례인 1984년 미국의 로스앤젤레스 하계 올림픽에는 반대로 소련, 동독, 폴란드, 헝가리 등 당시 공산 진영 국가들이 선수를 보내지 않았습니다. 이는 앞서 일어난 자유 진영의 모스크바 하계 올림픽 불참에 대한 보복이었죠. 올림픽 무대에서 미국·소련 사이의 냉전적 대결에 따른 보이콧 공방은 1988년 서울 하계 올림픽에서야 끝났어요. 서울 하계 올림픽엔 북한을 빼놓고는 양 진영의 국가들이 대부분 참여했거든요.

물론 스포츠가 긍정적 역할을 한 사례도 많아요. 특히 남북 관계에서 스포츠는 중요한 화해의 계기를 마련했습니다. 평창 동계 올림픽의 여자 아이스하키 남북 단일팀 결성이 대표적 사례죠. 그 당시 북한의 고위급 인사가 올림픽 개막식에 참석했고, 이는 이후 남북 정상회담과 북미 정상회담으로 이어지는 놀라운 외교적 성과를 냈답니다. 남북 단일팀 결성은 1990년대부터 유도, 탁구, 축구 등의 국제 대회나 아시안게임에서 극적으로 이뤄져 남북 관계 진전의 징검다리가 됐어요.

스포츠가 외교 수단으로서 중요한 역할을 한 사례로는 1970년대 미국과 중국 사이의 '핑퐁외교'(ping-pong diplomacy)를 빼놓을 수 없습니다. 양국은 6·25전쟁에 참전해 적국으로 만난 뒤 1970년대 초반까지 외교 관계를 아예 단절했죠.

그런데 1971년 일본 나고야에서 열린 세계 탁구 선수권대회를 계기로 미국 선수들이 중국을 방문해 경기를 치름으로써, 양국 간 화해의 실마리가 풀리게 됐어요. 이듬해엔 미국 대통령 리처드 닉슨 (Richard M. Nixon, 재임 기간 1969~1974)과 중국공산당 주석 마오쩌둥 [毛泽东, 재임 기간 1945~1976]의 정상회담이 이뤄졌습니다. 냉전 시대의 한복판에서 성사된 미국과 중국, 두 강대국 간의 전격적 교류는 대단히 큰 역사적 의미를 지니죠. 그 물꼬를 탁구가 텄다는 점에서 이를 '핑퐁외교'라고 불러요.

정부는 스포츠의 육성과 주요 대회의 개최 등 각종 정책을 결정하는 역할을 맡습니다. 올림픽이나 월드컵 같은 대형 국제 대회는 유치와 참가 등에 한 나라의 외교적 역량이 총동원되죠. 때로는 국제 스포츠 행사가 한 나라의 국익을 추구하며, 정치적 의사를 표명하는 외교의 장이 되고요. 스포츠와 정치는 이처럼 떼려야 뗄 수 없는 관계예요.

거대한 시장인 스포츠

　그리고 오늘날 스포츠는 거대한 경제적 '시장'으로서 세계 각국, 각 지역 정부에 매우 중요한 정치적·정책적 의미를 지녀요. 올림픽이나 월드컵 등 대형 국제 대회는 개최국과 개최 도시에 막대한 경제적 효과를 가져다주죠. 큰 이익을 얻어서 국가 경제 발전에 중요한 계기가 될 수도 있고, 적자를 내는 바람에 국민의 원성을 사는 실패를 맛볼 수도 있습니다.

　프로스포츠의 경제 효과도 날이 갈수록 커지고 있어요. 미국에선 농구(NBA)·미식축구(NFL)·아이스하키(NHL)·야구(MLB) 등 프로스포츠 리그가, 유럽에선 독일(분데스리가)·에스파냐(라리가)·영국(프리미어리그)·이탈리아(세리에A)·프랑스(리그1) 등 각국의 프로 축구 리그가 국경을 넘어 전 세계에서 엄청난 수익을 올리는 국가적 사업이 됐죠. 광고료와 방송료, 저작권료로 벌어들이는 액수가 만만찮아요. 우리나라도 기업과 지역 연고로 운영되는 프로 리그가 국가나 지역 경제에 끼치는 영향이 점점 커지고 있답니다.

　이 때문에 스포츠 스타의 배출, 엘리트 선수의 육성이 아주 중요해지고 있습니다. 대중적 인기를 얻는 스타의 등장은 프로스포츠 발전의 계기가 되기 때문이죠. 예를 들어 손흥민 같은 스타 선수는 어린이와 청소년에게 축구에 대한 꿈을 키워 주고, 많은 지망생을 배출해 저변을 확대하는 역할을 해요. 어떤 종목의 인기가 많아지면 관련 프로스포츠의 시장도 넓어집니다. 국가적으로 스포츠 인재를 육성하는 정책이 그래서 중요한 거예요.

현재 프로스포츠는 중요한 산업이며, 커다란 부가가치가 창출되는 시장입니다. 이 때문에 각국 정부는 스포츠 종목의 국제기구나 국제 대회에서 영향력을 키우기 위해 정치와 외교정책에 힘을 쏟죠. 또 엘리트 선수를 육성하고, 프로 리그를 활성화해 스포츠 산업을 부흥하는 데 노력을 기울이고요. 그 모든 과정이 국가의 물적·인적 자원을 배분하고 이해관계를 조정하는 '정치'랍니다.

강 건너
지구 구경?

지구의 몸이 점점 뜨거워지고 있어요. 우리 몸처럼 지구에도 열은 건강의 위험 신호죠. 실제로 지구의 상태를 진단한 많은 학자는 "더 이상 '고열'이 계속된다면, 지구 생명이 위험해질 수 있다."라고 경고합니다.

과연 지구는 얼마나 뜨거워진 걸까요? 지구온난화의 위험을 평가하고, 국제적 대책을 마련하기 위해 구성된 기구인 '기후변화에 관한 정부 간 협의체'(IPCC)는 2021년 8월 제6차 보고서를 발표했습니다. 이에 따르면, 최근 10년간(2010~2019) 지구 평균기온은 산업화 이전(1850~1900)과 비교해 무려 1.07℃가 상승했죠.

환절기에는 아침저녁 사이에도 기온이 십몇 도씩 오르내리는데, 1℃ 정도 오른 게 뭐 대수냐고요? 실제로 그렇게 생각하는 사람도 많을 듯싶습니다. 하지만 지구 평균온도가 높아진다는 건 매일의 기온 변화와는 완전히 다른 문제죠. 지구온난화는 그때그때의 날씨가 아닌 장기적이고 근본적인 기후의 변화를 뜻하니까요. 사람으로 치자면 평균 36.5℃인 체온의 이상 현상이 상당 기간, 혹은 죽을 때까지 계속된다는 의미입니다. 체온은 당장 1~2℃만 올라가도 매우 조심해야 하는 상황이 되죠. 고열이 이어지면 생명이 위급해져요. 이는 지구도 마찬가지입니다.

많은 기후학자와 국제기구는 지구 생태계의 건강, 즉 인류의 생존을 위한 조건을 현재와 같은 수준으로 유지하려면 '산업화 이전 대비 1.5℃ 이상 평균기온이 올라가선 안 된다'고 말합니다. 그래서 2015년 12월 채택된 국가 간 약속인 '파리 기후변화 협약'에선 지구 평균온도 상승을 2℃ 아래로 억제하고, 특히 1.5℃를 안 넘도록 노력하자는 목표를 정했죠.

이후 2018년 10월 우리나라 인천에서 열린 기후변화에 관한 정부 간 협의체 총회에선 「지구온난화 1.5℃」Global Warming of 1.5℃라는 특별 보고서가 발표됐습니다. 해당 특별 보고서는 지구 온도 변화에 따른 자연 및 생태계의 위험을 평가해 '왜 1.5℃ 이하로 상승을 억제해야 하는지'에 대한 과학적 근거를 마련해 줬어요. 그 뒤 2021년

10월 이탈리아 로마에서 개최된 주요 20개국(G20) 정상 회의에선 '평균기온 상승 폭을 산업화 이전 대비 1.5℃ 이내로 억제하자'는 데 합의를 이뤘답니다.

그렇게 국제사회와 각국 정부는 1.5℃라는 지구온난화 억제 목표를 달성하기 위해 역량을 모아야만 해요. 지구온난화의 가장 큰 원인인 이산화탄소 등 온실가스의 배출량을 줄이고, 친환경 에너지를 개발하고 사용하며, 이 과정에서 발생하는 갈등과 이해 대립을 해결해야 하는 과제에 직면한 것이죠. '1.5℃를 위한 정치'가 필요한 때입니다.

뜨거워진 미래에는

지구 온도가 계속 올라가면 어떤 일이 벌어질까요? 먼저 1년 내내 날씨가 지금과는 완전히 달라질 테죠. 더운 날이 늘어나고 비가 더 많이, 더 자주 올 겁니다.

기후변화에 관한 정부 간 협의체는 세계 각국의 탄소 배출 저감 노력에 따른 지구온난화 시나리오를 발표했는데, 우리나라 기상청도 그에 따라 앞으로 한반도 날씨가 어떻게 변할지 과학적으로 예측해 봤어요. 결과는 충격적입니다.

우리가 아무리 이산화탄소 배출량을 줄이고 친환경 에너지를 사용하는 등의 노력을 기울여 봐도 21세기 후반(2081~2100)엔 한반도의 기온이 평균 2~3℃ 올라간대요. 만약 지구온난화를 막기 위해 아무런 대책도 세우지 않는다면 6℃ 이상 상승하고요. 안타깝지만 모두 여러분 세대에서 실제로 일어날 일이죠. 여러분의 나이가 40~50세가 되는 21세기 중반엔 하루 중 최고기온이 33℃ 이상 폭염인 날이 연간 22~24일이나 되고, 80~90세쯤엔 한두 달까지도 늘어날 수 있답니다. 지금은 1년이 '봄 석 달, 여름 넉 달, 가을 두 달, 겨울 석 달' 정도인데, 앞으로 70년쯤 뒤엔 절반이 여름이고 겨울은 한 달도 채 안 될 것이라네요.

지구온난화에 따른 대규모 자연 재난은 벌써 세계 곳곳에서 나타나고 있습니다. 폭염과 혹한이 반복되고 가뭄, 대기오염, 대형 화재, 태풍, 폭우와 폭설 등이 더 자주, 더 큰 규모로 발생하죠. 봄철에 전국 곳곳에서 일어나는 산불도 그런 이유고요.

이처럼 지구 온도가 올라갈수록 극지방의 얼음이 녹고 열대의 해충이 북상해 세계적인 감염병 유행도 늘 것으로 예측돼요. 또 곡물 재배가 어려워져 식량 위기도 찾아올 위험이 큽니다. 인간의 식량뿐만 아니라 동물들의 먹이까지 부족해져서 많은 생물종이 멸망에 이를 것으로 보이죠. 이렇게 된다면 결국 인류도 생존 위기에 처하고 말 겁니다.

기후변화의 과학

그렇다면 기후변화는 왜 생길까요? 기후변화에 관한 정부 간 협의체 같은 국제기구나 세계적인 기후학자들의 연구에 따르면, 산업화 이후 지구 온도 상승의 가장 큰 원인은 인간의 활동입니다. 곧 인간 활동으로 빚어지는 온실가스의 배출 탓이죠.

원래 지구는 태양에서 받은 에너지와 우주로 방출하는 에너지, 지구에 보존하는 에너지의 비율을 항상 비슷하게 맞춤으로써 일정한 온도를 유지해요. 그때 지구 주변에 태양열을 가둬서 지구를 일정한 온도로 유지하도록 하는 대기의 자연적 현상을 '온실효과'라고 합니다. 온실효과를 일으키는 기체의 종류는 '온실가스'라고 하죠. 온실가스에는 메탄이나 수증기, 아산화질소, 오존, 이산화탄소 등이 있어요. 이들 기체가 작용하는 온실효과가 없다면 지구는 얼어붙어서 인류를 비롯한 많은 생물이 살지 못했을 겁니다.

그런데 온실가스가 너무 많아지면 문제가 돼요. 지구 온도가 필요 이상으로 올라가기 때문이죠. 산업화 이후 인류가 맞닥뜨린 문제가 바로 온실가스의 과다한 배출에 따른 기온 상승입니다. 특히 온실가스 가운데 가장 많은 배출량을 차지하며, 온난화에 제일 커다란 영향을 주는 기체가 이산화탄소예요. 이산화탄소 배출량 증가는 석탄이나 석유 같은 화석연료의 급격한 사용 증대로 비롯된 것이죠.

기후변화에 관한 정부 간 협의체의 보고서도 그런 사실을 지적합니다. 인간은 지구의 기후 시스템에 명백한 영향을 미치고 있으며, 최근 배출된 온실가스의 양은 관측 이래 최고 수준이라는 거예요. 메탄·아산화질소·이산화탄소의 인위적 온실가스 배출이 온난화의 주된 원인일 가능성이 대단히 크며, 특히 이산화탄소 배출량이 전체 온실가스 배출의 많은 부분을 차지한다는 것도 세계 최고 권위의 연구 기관이자 유엔 산하 조직인 기후변화에 관한 정부 간 협의체가 내린 결론이죠. 기후변화에 관한 정부 간 협의체는 "이산화탄소 배출량 증가는 전 세계 경제성장과 인구 증가로 비롯된 것이나, 최근엔 대부분 경제성장에 따른 것으로 보인다."라고 말했어요.

‘1.5°C의 정치’를 두고 맞부딪치다

이처럼 기후변화의 원인과 결과를 분석하는 건 무엇보다 과학의 영역입니다. 그러나 기후변화 위험도를 평가하고 대책을 마련하는 일은 '정치'의 과제일 수밖에 없죠. 더구나 기후 위기를 연구하고 대비하는 건 당장 개인이나 민간 기업에 이익이 되는 일이 아니므로, 공공 기관이나 정부가 나설 수밖에 없어요. 기후 위기 문제에 예산과 인력을 투입하는 작업도 상당 부분 국가에 의해 이뤄집니다.

무엇보다도 기후 위기 문제가 정치적 과제인 까닭은, 지금 우리 사회에서 가장 중요한 의제(agenda)가 무엇인지 우선순위를 정하고 유무형의 자원을 어떻게 얼마나 배분할지를 정하는 일과 관련되기 때문이에요. 비싸더라도 이산화탄소 배출량을 줄이기 위해 친환경 에너지를 사용할지, 싼 화석연료를 계속 쓰고 경제성장을 우선할지 정하는 일은 정치의 몫이죠.

기후 위기와 지구온난화를 둘러싼 문제 해결의 대책은 계층 간, 부문 간, 세대 간, 지역 간 이해 갈등과 대립을 낳을 수밖에 없다는 점에서도 정치의 역할이 중요합니다. 정치의 본질적 기능 가운데 하나가 바로 '이해 갈등의 조정'이니까요. 만일 화석연료 대신 풍력과 태양광 등을 주요 에너지로 사용한다고 하면, 석탄·석유 생산에 관련된 기업이나 이로부터 값싼 에너지를 얻어 온 산업부문은 반발하겠죠. 국제적으로도 석탄·석유 매장량이 풍부해 그 자원을 주요 수출품으로 삼아 온 나라들이 반대 목소리를 높일 겁니다. 기후 위기를 해결하려면 기성세대가 당장에 비싼 에너지 비용과 관련 세금을 부담해야 하고요.

기성세대와 젊은 세대 간, 기업과 소비자 간, 선진국과 개발도상국 간, 산유국과 비산유국 간 기후 위기 대책을 둘러싼 갈등은 현재도 세계 곳곳에서 벌어지고 있습니다. 미국 제45대 대통령이던 도널드 트럼프(재임 기간 2017~2021)와 스웨덴의 청(소)년 환경운동가 그레타 툰베리(Greta T. E. E. Thunberg) 사이에 일어난 언쟁은 기후 위기 대책을 둘러싼 갈등을 단적으로 보여 줬죠.

툰베리는 16세이던 2018년 스웨덴 의회 앞에서 지구온난화 대책 마련을 촉구하는 1인 시위를 벌여 세계적으로 큰 반향을 일으키며 화제가 된 인물이에요. 그는 각국 정상이 모인 유엔 국제회의에서 "당신들은 자녀를 사랑한다고 말하지만, 기후변화에 적극적으로 대처하지 않는 모습으로 자녀들의 미래를 훔치고 있다."라는 대담한 주장을 펼치기도 했습니다.

2020년에는 트럼프 당시 미국 대통령 등이 '나무 1조 그루 심기 운동'을 제안했는데, 이에 툰베리는 "우리 집이 불타고 있는데 당신들의 무대책이 불난 집에 부채질하고 있다."라며 온실가스 배출량을 줄이는 근본적 대책을 요구하기도 했어요. 트럼프는 그런 툰베리를 향해 비난과 조롱을 멈추지 않았죠. 세계 주요 언론은 그 둘의 언쟁을 가리켜 "서로 다른 세계관의 정면충돌"이라고 표현했답니다.

탄소 중립과 기후 정의

각국이 합의한 지구온난화 억제 목표는 1.5℃. 하지만 산업화 이전 시기보다 이미 1℃ 정도 평균기온이 올랐으니 여유는 0.5℃밖에 없죠. 그렇다면 우리는 어떻게 해야 할까요? 지구 온도를 높이는 주범인 온실가스, 이 가운데서도 이산화탄소의 배출량을 최소화하는 수밖에 없어요. 그래서 각국 정부가 합의한 게 '탄소 중립'이죠. 영어로는 '네트 제로'(net zero)로, 대기 중 이산화탄소 농도가 더 이상 증가하지 않도록 순(net) 배출량을 0(zero)이 되게 하자는 거예요. 사람이 살면서 이산화탄소 배출 자체를 완전히 없앨 순 없으나, 나오는 만큼 흡수할 수 있도록 산림면적을 늘려 총합을 0으로 만들자는 얘기입니다.

이에 따라 주요국은 '탄소 중립'의 달성 시기를 2050년으로 잡아두고 있어요. 우리 정부도 2020년 10월 '2050 탄소 중립 선언'을 발표하고, 같은 해 12월에는 '2050 탄소 중립 비전'을 선포했습니다. 우선은 2030년까지 (2018년 대비) 온실가스 배출량을 40%까지 줄이는 게 목표죠. 이처럼 유엔기후변화협약(UNFCCC) 사무국에 각 국가가 제시하는 온실가스 감축 목표를 'NDC'(Nationally Determined Contribution)라고 불러요.

그렇다면 이산화탄소 배출량을 줄이기 위해 구체적으로 어떤 노력이 필요할까요? 먼저 화석연료 사용의 절대량을 줄여야 합니다. 석탄·석유의 사용, 특히 화력발전을 지속해서 줄여야 하죠. 이와 동시에 화석연료를 재생에너지로 대체해야 해요. 재생에너지란 '계속 써도 무한에 가깝도록 다시 공급되는 에너지'로서 땅속열이나 물,

바람, 생물·미생물 유기체, 햇빛, 바다의 밀물·썰물 및 온도·염분 차이 등 자연적인 힘을 전기로 변환해 발전에 이용하는 방식입니다. 지열·수력·풍력·바이오·태양광·태양열·해양 에너지가 대표적이죠.

탄소 중립을 달성하려면 국가정책뿐 아니라 기업과 소비자 등 민간 부문의 역할도 매우 중요해요. 민간이 탄소 중립 목표를 따르도록 유도할 구체적 방법으로는 '탄소 가격제'가 꼽힙니다. 탄소 발생으로 생기는 사회적 비용을 민간이 직접 부담하게끔 하는 제도인데 '배출권 거래제'나 '탄소세'가 대표적이죠. 배출권 거래제란 각 기업의 탄소 배출 허용 기준량을 설정하고, 허용량보다 탄소를 적게 배출하면 다른 기업에 남은 배출권을 팔 수 있게 하는 제도예요. 탄소세는 화석연료 사용으로 생기는 탄소 배출량에 따라 부과하는 세금을 말하고요.

'탄소 중립'은 국제적 추세이자 국가적 과제이지만, 앞서 본 대로 많은 갈등 요소를 지닌 문제입니다. 나라마다 이해관계가 다르기에 구체적인 방법이나 완성 시기를 놓고서 현재까지 최종 합의를 이루지 못했죠.

기후 위기는 인류 공동의 과제이지만, 불평등과 양극화가 극심하게 드러나는 문제이기도 합니다. 이산화탄소 배출량이 가장 많은 나라들은 대체로 냉온대 지역에 있는 선진국인 한편, 지구온난화에 따른 대규모 자연 재난과 그로 인한 인명·재산 피해는 주로 열대지방에 자리한 개발도상국이나 최빈국이 겪고 있으니까요. 한 나라나 지역 안에서도 경제적·사회적 약자가 피해를 더 크게 보고요. 이렇듯 계층, 국가, 지역 등에 따라 차별적으로 영향을 끼치는 기후 위기의 불평등·양극화를 바로잡는 일을 '기후 정의'(climate justice)라고 부릅니다. 기후 정의 역시, 기후 위기야말로 정치가 해결해야 할 우리 시대의 제일 중요한 문제라는 점을 일깨우고 있어요.

기후 위기를 외면하는 정치를 향한 경고

돈 룩 업

2021년 개봉한 미국 영화 〈돈 룩 업〉*Don't Look Up*은 오늘날 세계의 경제·문화·산업·정치 상황을 범벅처럼 한데 뭉쳐 놓은 종합 풍자극이라고 할 수 있습니다. 현대사회를 아주 우스꽝스럽지만 날카롭게 풍자한 블랙코미디죠. 영화에서 핵심이 되는 설정은 '혜성 충돌에 따른 지구 멸망 위기'인데, 그걸 '기후 위기와 온난화로 인한 재난'으로 바꿔 봐도 완벽히 들어맞아요. 실제로 제작진은 기후 위기를 염두에 두고서 영화를 만들었다고 밝혔답니다. 세계적으로도 '온난화에 따른 지구적 재앙'에 대한 경고를 담은 작품으로 받아들여졌죠.

주인공은 '지구가 새로 발견된 혜성과 충돌해 6개월 안에 멸망할 것'이라는 사실을 알게 된 천문학 교수 랜들 민디(리어나도 디캐프리오 분)와 박사과정생 케이트 디비아스키(제니퍼 로런스 분)입니다. 이들은 미국항공우주국을 통해 백악관에까지 그런 사실을 알리지만, 대통령은 콧방귀만 뀝니다. 백악관의 관심사는 선거에서 이기고, 자신들에게 유리한 대법관을 지명하는 것에만 온통 쏠려 있어요. 이에 랜들과 케이트는 언론에 직접 알리기로 마음먹고 인기 높은 토크쇼에 출연하는데, 방송의 성격은 '경고'가 아니라 '예능'이 됩니다. 괴짜 박사의 기이한 농담으로만 여겨질 뿐이에요.

그러던 중 지지율이 급락한 대통령은 국민 여론을 바꾸려 랜들의 말을 받아들이고 핵미사일로 혜성 궤도를 바꾸기로 합니다. 이는 대통령 자신을 '지구를 구한 영웅의 모습'으로 연출하기 위해서죠. 역시나 화려한 쇼와 함께 핵미사일을 탑재한 위성을 쏘아 올리지만, 갑자기 대통령은 운행을 중단시켜요. 스마트폰과 우주선을 만드는 거대 기업의 최고경영자가 대통령에게 새로운 아이디어를 냈기 때문입니다. 혜성엔 첨단산업에 필요한 희귀한 광물자원, 즉 희토류가 있는데 그걸 채취하기 위해 혜성을 조각내서 지구로 착륙시키자는 것이었죠. 실제로도 희토류는 중국이 주로 보유한 광물자원으로, 미국과의 산업 경쟁에서 매우 중요한 역할을 해요.

영화에서 미국은 혜성에 있는 희토류를 독점하기 위해 다른 나라와 협력하지 않습니다. 미국을 믿을 수 없게 된 각국은 서로 손잡고 따로 핵미사일을 발사하지만 실패하죠. 이렇게 전 세계가 우왕좌왕하는 가운데, 혜성은 시시각각 지구로 돌진해 옵니다. 과연 지구는 멸망을 피할 수 있을까요?

선거에만 골몰하는 정치인, 진실보단 시청률과 조회 수에만 신경 쓰는 언론, 말초적인 관심만 뒤쫓는 사람들, 두 편으로 갈려 싸우는 여론, 미국과 중국 간의 이기적인 경제 전쟁, 인류의 문제 해결은 뒷전이고 돈벌이에 급급한 기업 등 오늘날 우리가 살아가는 세계의 온갖 부조리한 모습을 영화는 적나라하게 묘사합니다. 지구를 무대로 펼쳐지는 한 편의 거대하고 우스꽝스러운 소동극이지만, 마지막 장면은 〈돈 룩 업〉이 기후 위기에 당면한 인류에게 보내는 섬뜩한 경고임을 다시금 깨닫게 하죠. 그 놀라운 장면은 여러분이 직접 확인해 보길 바랄게요!

북트리거 일반 도서

북트리거 청소년 도서

똑똑! 정치 클래스
10대를 위한 미리미리 정치 공부

1판 1쇄 발행일 2023년 5월 30일

지은이 이형석
펴낸이 권준구 | 펴낸곳 (주)지학사
본부장 황홍규 | 편집장 김지영 | 편집 양선화 서동조 김승주
책임편집 서동조 | 일러스트 정민영 | 표지 디자인 스튜디오 진진 | 본문 디자인 이혜리
마케팅 송성만 손정빈 윤술옥 박주현 | 제작 김현정 이진형 강석준 오지형
등록 2017년 2월 9일(제2017-000034호) | 주소 서울시 마포구 신촌로6길 5
전화 02.330.5265 | 팩스 02.3141.4488 | 이메일 booktrigger@jihak.co.kr
홈페이지 www.jihak.co.kr | 포스트 post.naver.com/booktrigger
페이스북 www.facebook.com/booktrigger | 인스타그램 @booktrigger

ISBN 979-11-89799-93-9 43340

북트리거

트리거(trigger)는 '방아쇠, 계기, 유인, 자극'을 뜻합니다.
북트리거는 나와 사물, 이웃과 세상을 바라보는 시선에 신선한 자극을 주는 책을 펴냅니다.